Betriebs- und verkehrswirtschaftliche Forschungen

Herausgeber:

Prof. Dr. Konrad Mellerowicz, Berlin; Prof. Dr. Paul Deutsch, Leipzig;

Prof. Dr. jur. Dr. phil. Walter Rohrbeck, Köln

Heft 8

Kostenrechnungen im Kreditwesen

Ihre einheitliche Gestaltung und zwischenbetriebliche Auswertung

Von

Dr. Johann Diedrichs

Diplom-Kaufmann

Walter de Gruyter & Co.

vormals G. J. Göschen'sche Verlagshandlung — J. Guttentag, Verlagsbuchhandlung — Georg Reimer — Karl J. Trübner — Veit & Comp.

Berlin 1941

Archiv-Nr. 131541
Druck von Walter de Gruyter & Co., Berlin W 35
Printed in Germany

Vorwort.

Seit einer Reihe von Jahren werden von verschiedenen Kreditunternehmen Kostenrechnungen durchgeführt. Die erzielten Ergebnisse werden zum Teil als sehr günstig bezeichnet. Trotzdem bestehen in weiten Kreisen noch immer starke Zweifel über den Wert von Kostenrechnungen. Auch ist man sich über die Art der Durchführung sowie über die Auswertungsmöglichkeiten noch keineswegs einig. Die bestehenden Zweifel und Unklarheiten nach Möglichkeit auszuräumen und zu einer erweiterten, einheitlichen Durchführung von Kostenrechnungen anzuregen, ist der Zweck der vorliegenden Arbeit.

Bei den Untersuchungen werden die beiden Fragen der einheitlichen Gestaltung sowie der Auswertung der Kostenrechnungen in den Vordergrund gestellt. Es wird versucht, klarzulegen, welche Bedingungen für den einheitlichen Aufbau der Kostenrechnungen vorliegen bzw. zu schaffen sind, wie dieser Aufbau möglichst einfach zu gestalten ist und wie gerade durch einen einheitlichen und einfachen Aufbau sich wesentliche erweiterte Auswertungsmöglichkeiten ergeben. Diese erweiterten Auswertungsmöglichkeiten liegen besonders auf dem Gebiete der Leistungskontrolle und Leistungssteigerung. Auch im Kreditwesen sind, wie aus der Arbeit hervorgeht, die Kostenrechnungen, und zwar besonders die Kostenstellenrechnungen, ein ganz vorzügliches Mittel, die Wirtschaftlichkeit des Betriebes zu überprüfen und zu steigern.

Als Grundlage für die Untersuchungen werden neben den in der Praxis durchgeführten Kostenrechnungsmethoden auch die für die Reichsgruppen Industrie, Handel und Handwerk erlassenen amtlichen Kostenrechnungsgrundsätze sowie ferner die entsprechenden Veröffentlichungen des Reichskuratoriums für Wirtschaftlichkeit herangezogen. Die Heranziehung dieser Grundsätze und Veröffentlichungen erschien erforderlich, um die für den Aufbau der Kostenrechnungen wesentlichen Grundbegriffe und Grunderfordernisse eindeutig festlegen zu können. Darüber hinaus wurde aber auch Wert darauf gelegt, soweit möglich, eine Übereinstimmung mit den für die Industrie, den Handel und das Gewerbe geltenden Kostenrechnungsgrundsätzen herzustellen.

Die Arbeit beschränkt sich im wesentlichen auf den Versuch einer Klärung der grundsätzlichen Fragen. Einzelne Probleme, und zwar besonders solche, die sich aus der Auswertung der Ergebnisse der Kostenrechnungen ergeben, konnten zudem nur in ihren Grundzügen aufgezeigt werden. Ihre Klärung bleibt ebenso wie die Schaffung der Voraussetzungen für die einheitliche Gestaltung der Kostenrechnungen der Gemeinschaftsarbeit der Kreditunternehmen vorbehalten.

Ich möchte nicht verfehlen, Herrn Prof. Dr. Theisinger, der sich der Mühe unterzog, die Arbeit einer Durchsicht zu unterziehen und dem ich wesentliche Anregungen verdanke, auch an dieser Stelle meinen ergebensten Dank auszusprechen.

Berlin, im August 1941.

Der Verfasser.

Inhaltsverzeichnis.

I. Kritischer Überblick über die Kostenrechnungsmethoden im Kreditwesen.

Durch die kritische Betrachtung der in der Literatur erörterten und in der Praxis angewandten verschiedenen Kostenrechnungsmethoden soll versucht werden, den Leser zunächst mit den bei der Durchführung von Kostenrechnungen im Kreditwesen sich ergebenden Problemen vertraut zu machen und ihm weiter ein Urteil über den Wert der verschiedenen Methoden zu ermöglichen. Hierfür genügt es, auf die Hauptmerkmale der verschiedenen Verfahren hinzuweisen. Auf Einzelheiten wird bewußt verzichtet. Wegen dieser Einzelheiten wird auf die angegebene Literatur verwiesen.

a) Abteilungskalkulationen und Kostenstellenrechnungen.

Die Abteilungs-Kalkulationen und die Kostenstellenrechnungen sind unabhängig voneinander entwickelt worden. Sie weichen in ihrer Zielrichtung grundsätzlich voneinander ab, in ihrem äußeren Aufbau zeigen sie aber eine gewisse Ähnlichkeit. Auch kann man die Kostenstellenrechnung als logische Entwicklungsfolge der Abteilungs-Kalkulation ansehen. Beide Kalkulationsmethoden werden daher am besten zusammenhängend behandelt.

1. Abteilungs-Kalkulationen.

Die Abteilungs-Kalkulation ist eingehend in der Literatur behandelt worden (vgl. insbesondere Hasenack und Schönpflug a. a. O.). Unmittelbare praktische Ergebnisse haben aber diese theoretischen Erörterungen nicht gezeitigt, wenn sie auch auf die Weiterentwicklung der Kalkulationsmethoden nicht ohne Einfluß gewesen sein dürften. Zum mindesten sind sie für die Klarlegung der einzelnen Kalkulations-Probleme von erheblicher Bedeutung.

Das ursprüngliche Ziel der Abteilungs-Kalkulation war, den Aufwand und Ertrag des Bankgeschäftes abteilungsweise zu gliedern und zu erfassen. Die einzelnen Abteilungen wurden getrennt in Leistungs- oder Ertrags-Abteilungen, d. h. in Abteilungen, in denen Erträge anfallen, sowie in Hilfs-Abteilungen, d. h. in Abteilungen, die keine selbständigen Einnahmen aufweisen. Hasenack führt folgender Leistungs-Abteilungen an: Devisen-, Sorten-, Wechsel-, Effekten-, Kupons-, Depot-, Emissions- und Giro-Abteilung. Hilfs-Abteilungen sind nach ihm: Kassen-, Korrespondenz-, Buchhaltungs-, Hauptbuch-, Salden-, Revisions-Abteilung und die Registratur. Schönpflug unterscheidet zwischen Ertrags-Abteilungen, Kosten-Abteilungen und Hilfs-Abteilungen. Zu den Ertrags-Abteilungen zählt er die Kredit-Abteilung, die Effekten-Abteilung, die Wechsel-Abteilung, die Devisen-Abteilung, die Sorten- und Noten-Abteilung und die Kupons-Abteilung. Als Beispiele von Kosten-Abteilungen führt er an: die Scheck-Abteilung, die Überweisungs-Abteilung, die Kasse, die Depot-Abteilung und die Tresor-Abteilung. Die Buchhaltung, die Korrespondenz, die Expedition, die Registratur usw. bezeichnet er, ähnlich wie Hasenack, als Hilfs-Abteilungen.

Das eigentliche Kalkulationsobjekt sind in jedem Falle die Leistungs- oder Ertrags-Abteilungen. Der gesamte Aufwand und Ertrag des Geschäftes soll möglichst auf diese Abteilungen umgelegt werden. Soweit der Aufwand und der Ertrag unmittelbar für die betreffenden Abteilungen anfallen, ist die Feststellung verhältnismäßig einfach. Die Erträge liegen kontenmäßig fest, die Arbeitskosten, d. h. die Gehälter der in den Abteilungen tätigen Angestellten, können durch besondere Aufzeichnungen ermittelt werden. Schwierig ist dagegen die Verteilung der Kosten der Hilfs- und Neben-Abteilungen sowie der Sachkosten p. p. Man hat für die Verteilung dieser Kosten die verschiedensten Schlüssel vorgeschlagen, so z. B. die Zahl der Gefolgschaftsmitglieder, die Gehaltssumme, den beanspruchten Raum, die Lampenzahl, die Durchschnittszahl der Buchungen, die Zahl der Briefe, die Kapitalbeanspruchung, den Umsatz usw. Die Anwendung dieser verschiedenen Schlüssel würde bei der großen Zahl der einer Kalkulation zu unterziehenden Leistungs-Abteilungen die Kalkulation ungemein schwierig gestalten. Hinzu kommt, daß die Abteilungs-Gliederung bei den einzelnen Betrieben stark unterschiedlich ist. Auch gibt es keine ausgesprochenen Leistungs- oder Ertrags-Abteilungen in den Bankbetrieben. Die Aufgaben der verschiedenen Abteilungen greifen ineinander über. Insbesondere lassen sich die Erträge nicht abteilungsweise aufgliedern. Man hat daher zwangsläufig den Gedanken einer abteilungsweisen Erfassung der Erträge aufgeben müssen und nur noch die abteilungsweise Feststellung der Kosten empfohlen bzw. für durchführbar gehalten. So schreibt Seeliger (a. a. O.), daß es ein wenig fruchtbares Unternehmen ist, eine Abteilungs-Kalkulation in dem Sinne durchzuführen, daß den Kosten der Abteilung die Erträge gegenüber gestellt werden. Er sieht die wichtigste Aufgabe der Abteilungs-Kalkulation darin, die Grundlagen für die Stückkalkulation zu schaffen (vgl. Abschnitt Ib), daneben soll sie einen laufenden Überblick über die Entwicklung der Abteilungskosten geben.

2. Kostenstellen-Rechnungen.

Auf die Bedeutung der Kostenstellen-Rechnungen für Bankbetriebe ist in der Literatur bislang kaum hingewiesen worden. Als Einziger erwähnt wohl nur Schönpflug die Kostenstellenrechnungen. Aber auch er nimmt keine scharfe Trennung zwischen der Kostenstellenrechnung und der Abteilungs-Kalkulation vor. In der Praxis haben sich dagegen typische Kostenstellenrechnungen in Verbindung mit der von der Deutschen Bank durch Rummel entwickelten Geschäftssparten-Kalkulation herausgebildet, ohne daß sie allerdings auch hier als solche bezeichnet werden. Diese in der Praxis durchgeführten Kostenstellenrechnungen ähneln durchaus den in den Richtlinien des Reichskuratoriums für Wirtschaftlichkeit und in den amtlichen Kostenrechnungs-Grundsätzen empfohlenen Kostenstellenrechnungen. Sie sind, wie wir noch sehen werden, von besonderer Bedeutung für die Durchführung von zwischenbetrieblichen Leistungsvergleichen.

Im Gegensatz zu der Abteilungs-Kalkulation wird bei den Kostenstellenrechnungen von vornherein auf die Erfassung der Erträge verzichtet. Die Kostenstellen dienen lediglich der Sammlung und Aufgliederung der Kosten für die Geschäftssparten-Kalkulation und weiter sind sie die Grundlage für die Posten- und für die Konten-Kalkulation (vgl. Abschnitt Ib und c). Bei der Bildung der Kostenstellen läßt man sich in erster Linie von den kalkulatorischen Erfordernissen, nicht aber von der organisatorischen Gliederung des Betriebes leiten. Das Hauptgewicht ist auf einheitliche Arbeitsgebiete, d. h. in sich geschlossene Arbeitsabläufe oder Tätigkeitsbereiche, sowie auf klare Herausstellung des Kalkulationsobjektes und auf leichte Erfaßbarkeit der Kosten zu legen. Die Kostenstellen decken sich zwar in einzelnen Fällen mit den Abteilungen, eine Übereinstimmung von Kostenstelle und Abteilung ist aber keineswegs erforderlich. So werden z. B. in der Geschäftssparten-Kalkulation innerhalb der Geschäftssparte Zahlungs-Verkehr, die beiden Kostenstellen „Vorbereitung" und „Weiterbearbeitung" gebildet. Die „Vorbereitung" umfaßt die Kosten bis zur Verbuchung, die „Weiterbearbeitung" die Kosten der Verbuchung. Die Hauptkostenstelle „Vorbereitung" wird aufgeteilt in a) Kassen-Verkehr, b) Überweisungs-Verkehr, c) Inkasso-Geschäft, d) Diskont-Geschäft, e) Devisen-Geschäft (vgl. Anlage 1). Es werden also die Tätigkeitsbereiche, nicht aber die Abteilungen kostenmäßig erfaßt. Diese Scheidung nach Tätigkeitsbereichen statt nach Abteilungen erleichtert eine eindeutige Erfassung der Kosten und schafft gleichzeitig die Voraussetzungen für eine planvolle und auswertbare Stückkosten-Rechnung.

Auch die in Abschnitt I a 1 erwähnten theoretischen Vorschläge der Kostenerfassung und insbesondere der Verteilung der indirekten Kosten hat die in der Praxis durchgeführte Kostenstellen-Rechnung einer zweckmäßigen und einfachen Lösung zugeführt. Die Gehaltsaufwendungen der für die einzelnen Arbeitsgebiete (Kostenstellen) unmittelbar tätigen Angestellten werden einzeln durch einen besonderen Abrechnungsbogen erfaßt. Sofern Angestellte für mehrere Kostenstellen tätig sind, werden die Gehälter, wie Rummel (a. a. O.) ausführt, auf Grund einer Schätzung der arbeitsmäßigen Inanspruchnahme prozentual auf die in Frage kommenden Stellen verteilt. Die Praxis hat nach Rummel gezeigt, daß etwaige in der ersten Aufteilung enthaltene Irrtümer bereits in der zweiten oder dritten Aufteilung beseitigt werden. Die Kosten der für die einzelnen Arbeitsgebiete indirekt tätigen Angestellten, also insbesondere die Kosten des Personals der Hilfsabteilungen, wie z. B. der Personal-Abteilung, der Revisions-Abteilung, der Expedition, der Registratur usw., werden im Verhältnis des Gehaltsetats der einzelnen Kostenstellen aufgeteilt (vgl. auch Abschnitt Ie). Derselbe Schlüssel wird für die Verteilung der sachlichen Unkosten, der örtlichen vom Ertrag unabhängigen Steuern und der Aufwendungen für Pensions- und Wohlfahrtseinrichtungen angewandt. Die Besitzsteuern werden lediglich dem Kreditgeschäft belastet. Im wesentlichen wird nur ein Teil der Generalunkosten nach einem besonderen Schlüssel verteilt. Daneben werden die Kosten für einzelne Hilfsarbeiten gesondert erfaßt und ausgewiesen (vgl. Anlage 5). Die gewählte einfache Schlüsselungsmethode hat sich in der Praxis als voll ausreichend erwiesen. Fehrmann (a. a. O.) berichtet, daß praktische Versuche, welche bei der Deutschen Bank mit den in Abschnitt Ia 1 erwähnten verschiedenartigen Schlüsselungsmethoden angestellt wurden, zu annähernd den gleichen Ergebnissen geführt haben wie die einfache Aufschlüsselung im Verhältnis des Gehaltsetats der einzelnen Kostenstellen. Die Arbeitsbelastung war aber erheblich höher. Man hat daher diese Versuche eingestellt. Erwähnenswert ist auch, daß Seeliger, der sich als Direktor beim Deutschen Sparkassen- und Giro-Verband seit langen Jahren theoretisch und praktisch mit Kalkulationsfragen beschäftigt, zu dem Ergebnis kommt, daß durch die Verteilung der nicht direkt erfaßbaren Kosten im Verhältnis des Gehaltsaufwandes im allgemeinen ein durchaus ausreichend genaues Ergebnis erzielt wird (vgl. Seeliger a. a. O.). Man darf somit feststellen, daß die im Rahmen der Geschäftssparten-Kalkulation durchgeführten Kostenstellenrechnungen den Anforderungen der Praxis weitgehend entsprechen.

b) Die Stück- oder Postenkalkulationen.

Bei der Stück- oder Postenkalkulation ist zu unterscheiden zwischen der im Rahmen der Abteilungs-Kalkulation und der Kostenstellenrechnung durchgeführten Errechnung der Stückkosten und zwischen der Ermittlung der Stückkosten auf Grund von Standard- bzw. Manipulationszeiten. Im ersten Falle dient die Stückkalkulation vor allem der Überwachung der Betriebsgebarung und daneben bildet sie die Grundlage für die Kontenkalkulation, im zweiten Fall ist die Stückkalkulation ausschließlich als Vorstufe der Kontenkalkulation anzusehen.

1. Die Stückkosten-Rechnung im Rahmen der Abteilungskalkulation und der Kostenstellenrechnung.

Stückkostenrechnungen werden für diejenigen Abteilungen bzw. Kostenstellen durchgeführt, in denen die Arbeit einen stückmäßigen Niederschlag findet und der Arbeitsaufwand sich unmittelbar an Hand der Stückkosten messen läßt. In erster Linie erfolgen dementsprechend Stückkostenrechnungen für den Überweisungs-Verkehr, für den Scheck- und Wechsel-Verkehr sowie für den Buchungs-Verkehr. Aber auch für die umfangreichen büro- und verwaltungstechnischen Arbeiten, die innerhalb der sonstigen Arbeitsgebiete anfallen, lassen sich zu einem erheblichen Teil Stückkostenrechnungen durchführen.

Die Art der Berechnung der Stückkosten ist unschwer aus der Anlage 1 zu erkennen. Wie aus dieser Anlage hervorgeht, werden außer den Kosten für die einzelnen Arbeitsgebiete auch die einzelnen Posten zahlenmäßig festgehalten. In der Kostenstelle „Vorbereitung" wird jeder Posten einzeln aber nur einseitig gezählt. Von der Kundschaft eingereichte Schecks werden z. B. nur im Eingang, und zwar unter Inkasso-Verkehr, erfaßt, der Ausgang bleibt unberücksichtigt. Ein Brief mit 10 Schecks gilt als 10 Posten. In der Kostenstelle „Weiterbearbeitung" wird dagegen jede Sollbuchung und Habenbuchung gezählt, allerdings nur auf den Konten der Loro-Kundschaft. Wenn einzelne Geschäftsvorfälle, z. B. die vorerwähnten 10 Schecks, in einem Sammelposten verbucht werden, so gelten sie nur als ein Buchungsposten. Da die Stückzahl und die Gesamtkosten festliegen, kann man im Wege einer einfachen Divisionskalkulation die Kosten pro Stück ermitteln (vgl. Anlage 1). In der Anlage 1 sind die Kosten und die Stückzahlen nach Arbeitsgebieten (Kostenstellen) aufgegliedert. Bei einer Aufgliederung nach Abteilungen hätte die Ermittlung der Stückkosten in ähnlicher Form zu erfolgen. Aus dem Beispiel ist aber unschwer zu erkennen, daß bei einer solchen Aufgliederung die Stückeinheiten und damit die Kosten pro Stück sich weit weniger eindeutig bestimmen lassen als bei einer Aufgliederung nach Arbeitsgebieten.

Die ermittelten Stückkosten stellen natürlich nur Durchschnittswerte dar. Der Arbeitsaufwand und damit die Kosten für an und für sich gleichartige Posten können stark unterschiedlich sein. So weist Seeliger u. a. auf den unterschiedlichen Arbeitsaufwand bei der Bearbeitung von Abrechnungsschecks, Einzelversandschecks, Sammelschecks und Währungsschecks hin. Dieser unterschiedliche Arbeitsaufwand kann dadurch erfaßt werden, daß man entweder besondere Kostenstellen bildet, dies wäre z. B. für die Bearbeitung der Währungsschecks leicht durchführbar, oder aber man kann auch Normal-Arbeitszeiten für die Bearbeitung der verschiedenen Schecks feststellen und die Kosten dann im Verhältnis dieser Normal-Arbeitszeiten verteilen. Seeliger führt folgendes theoretisches Beispiel an: Normal-Zeiteinheit für die Bearbeitung von Abrechnungs-Schecks 1, von Sammelschecks 1,2, von Versand-Schecks 3 und von Währungs-Schecks 5. Die Stückkosten der einzelnen Arten verhalten sich demnach wie 1:1,2:3:5 (vgl. hierüber auch den nächsten Abschnitt). Durch die Festlegung von Normal-Arbeitszeiten wird also das unterschiedliche Gewicht der einzelnen Leistungseinheiten auf einen einheitlichen Nenner gebracht und so eine gleichartige Ermittlung der Kosten im Wege einer einfachen Divisions-Kalkulation ermöglicht. Das Verfahren weist somit im Sinne der Kostenrechnung alle Merkmale einer ausgesprochenen Äquivalenzziffernrechnung auf.

Die Bedeutung der Stückkosten für die Konten-Kalkulation geht aus den Ausführungen in dem Abschnitt 1 c hervor. Wichtiger als für diese Sonderaufgabe sind jedoch die Stückkosten für die Überwachung der Betriebsgebarung. Die Stückkosten geben einen genauen Einblick in die Kosten der Arbeitsabwicklung und ermöglichen dadurch eine einwandfreie Leistungskontrolle. Dies gilt besonders, wenn Vergleichszahlen anderer Betriebe vorliegen. Es läßt sich dann unschwer feststellen, ob der Betrieb billig oder teuer arbeitet. Die Ursachen, unsachgemäße Organisation, zu reichliche Personalbesetzung, überdurchschnittliche Gehälter, sind natürlich durch besondere Prüfungen zu ermitteln (vgl. Rummel a. a. O.). Diese Prüfungen erhalten aber gerade durch das Vorliegen eindeutiger Stückkosten eine klare Zielsetzung. Die Stückkosten sind, sofern Zahlen ähnlicher Betriebe zum Vergleich herangezogen werden können, eine der wichtigsten Erkenntnisgrundlagen für die wirtschaftliche Gestaltung der Betriebsorganisation.

2. Die Ermittlung der Stückkosten an Hand von Standardzeiten.

Stück- bzw. Postenkalkulationen an Hand von Standard- oder Manipulationszeiten sind in verschiedenen Banken der USA. praktisch durchgeführt. In deutschen Bankbetrieben findet man diese Kalkulationsmethode nicht, in der Literatur hat man sich aber eingehend mit ihr beschäftigt. Auch zeigt die im Rahmen der Abteilungskalkulation vorgeschlagene Ermittlung der Stückkosten an Hand von Normalarbeitszeiten, auf die im vorhergehenden Abschnitt hingewiesen wurde, eine gewisse Ähnlichkeit mit dieser Kalkulationsmethode. Es erscheint daher angebracht, die Eigentümlichkeiten derselben kurz zu schildern.

Das Wesensmerkmal des Verfahrens ist die Festlegung von Standardzeiten für die Bearbeitung der verschiedenen Geschäftsvorfälle und die Verteilung der Gesamtkosten des Betriebes auf die Stück- bzw. Postenzahl im Verhältnis dieser Standardzeiten. Das Verfahren stellt also gleichfalls eine ausgesprochene Äquivalenzziffernrechnung dar. Die Festlegung der Standardzeiten erfolgt durch Zeitstudien. Es wird festgestellt, welcher Normalzeitaufwand auf die Bearbeitung eines Scheckpostens, eines Überweisungspostens, einer Einzahlung, einer Auszahlung usw. entfällt. Die Standardzeiten dienen zunächst der Ermittlung der gesamten effektiven Arbeitszeit des Betriebes. Diese wird in Manipulationsstunden ausgedrückt. Die nicht durch die Arbeitsabwicklung bedingten Leerzeiten werden bei der Festlegung der Standardzeiten bewußt ausgeschaltet. Die Kosten für diese Leerzeiten stecken in den Gesamtkosten (Personalkosten usw.), sie werden ebenso wie die sämtlichen übrigen Kosten auf die Manipulationsstunde und über diese auf die einzelnen Stückleistungen umgelegt. Das folgende Beispiel möge die Berechnungsart erläutern: festgestellte Standardzeiten für die Bearbeitung eines Schecks 2 Minuten, einer Überweisung 3 Minuten, einer Einzahlung 5 Minuten, einer Auszahlung 8 Minuten usw.; Manipulationsstunden pro Monat 20000; gesamte monatliche Unkosten (Personalkosten, Sachkosten, Raumkosten, Steuern pp.) RM 60000; Kosten einer Manipulationsstunde somit RM 60000.— : 20000 = RM 3.—. Die Stückkosten würden alsdann betragen je Scheck 2/60, je Überweisung 3/60, je Einzahlung 5/60, je Auszahlung 8/60 der Kosten der Manipulationsstunde, d. h. also RM —.10, —.15, —.25, —.40.

Liegen die Standardzeiten einmal fest, so ist, wie das Beispiel zeigt, die Errechnung der Stückkosten außerordentlich einfach. Diese Kalkulationsmethode läßt sich aber nur durchführen, wenn sämtliche oder doch der größte Teil der Arbeiten bzw. Geschäftsvorfälle des Betriebes sich durch Posten erfassen lassen und wenn diese Geschäftsvorfälle eine gewisse Gleichartigkeit aufweisen. Sind diese Voraussetzungen gegeben, so ist die Festlegung von Standardzeiten durchaus möglich. In deutschen Industriebetrieben mit gleichartigen Stückleistungen findet man gleichfalls eine ähnliche Kalkulationsmethode, nämlich die Äquivalenzziffernrechnung. Die Festlegung von Äquivalenzziffern erfordert allerdings größte Sorgfalt und einen außergewöhnlichen Arbeitsaufwand. So berichtet Wegbrod (vgl. Hasenack a. a. O.), daß die experimentelle Ermittlung von Standardzeiten (Äquivalenzziffern) in dem von ihm erwähnten Betriebe ein Jahr in Anspruch genommen hat. Das Verfahren wurde nach jahrelangen vergeblichen Versuchen bezeichnenderweise von einem Bankpräsidenten entwickelt, der als früherer Fabrikbesitzer die Verfahren industrieller Kalkulation kannte.

Bei den deutschen Kreditinstituten sind die Voraussetzungen für die erfolgreiche Durchführung von Äquivalenzziffernrechnungen kaum gegeben.

Die zu bearbeitenden Geschäftsvorfälle sind außerordentlich mannigfaltig. Einheitliche Standardzeiten für sämtliche Betriebe festzustellen, ist infolge der Verschiedenartigkeit des Aufbaus und des Aufgabenkreises der einzelnen Betriebe überhaupt nicht möglich. Es lassen sich somit auch die an Hand der Standardzeiten ermittelten Stückkosten kaum vergleichen. Die Ermittlung der Stückkosten an Hand von Standardzeiten kommt um so weniger in Frage, als sie keinen Einblick in die Entwicklung der Kosten und damit in die Betriebsgebarung ermöglichen. Nur bei der jeweiligen Festlegung der Standardzeiten kann die Arbeitsweise kontrolliert werden (Festlegung von Bestzeiten). Änderungen in den Kosten des Gesamtbetriebes wirken sich schematisch auf sämtliche Posten (Kassenposten, Überweisungsposten, Effektenposten usw.) aus, ohne daß die Ursache der Veränderung in Erscheinung tritt. Die an Hand von Standardzeiten festgestellten Stückkosten können daher nur für die Durchführung der Kontenkalkulation verwandt werden. Diese einseitige Ausrichtung mag für die Banken der USA. vertretbar sein. Für deutsche Bankbetriebe scheint das Verfahren nicht geeignet.

c) Die Kontenkalkulation.

Das Wesen der Kontenkalkulation wird am besten an Hand eines praktischen Beispieles erläutert (vgl. Anlage 2). Das beigefügte Muster ist dem Buch von Fehrmann „Die Kalkulation im Kreditbankwesen" entnommen. Wie Fehrmann berichtet, werden Kalkulationen in der angegebenen Form bei der Deutschen Bank praktisch durchgeführt. Die Berechnungsart der einzelnen Aufwands- und Ertragsposten und die Art der Ermittlung des sich aus der Kontoführung ergebenden Gewinnes oder Verlustes sind unmittelbar aus der Anlage ersichtlich. Die der Berechnung zugrunde liegenden Stückkostensätze liefert die Stück- oder Postenkalkulation (vgl. Abschnitt I b 1). Die Kosten sind somit eindeutig bestimmbar. Schwieriger ist es dagegen, die Erträge festzustellen. Lediglich die Provisionen und Gebühren lassen sich klar ermitteln. Bei der Festsetzung des Zinsertrages ist man zu einem erheblichen Teil auf Schätzungen angewiesen. In dem beigefügten Beispiel, bei dem es sich um ein provisionsfreies kreditorisches Konto handelt, werden ½% als Zinsdifferenz zwischen den provisionsfreien und provisionspflichtigen Konten, sowie 1% Gewinnanteil aus der Anlage des Geldes berechnet. Allgemein gültige Richtlinien über die Höhe des Zinsanteiles lassen sich nicht aufstellen. Die Höhe hängt durchaus von den jeweiligen Verwendungsmöglichkeiten der hereingenommenen Gelder ab. Es dürften aber bei den einzelnen Kreditunternehmen ausreichende Erfahrungen vorliegen, um die Höhe dieser Sätze einigermaßen zuverlässig bestimmen zu können. Das Muster bezieht sich, wie bereits erwähnt, auf ein provisionsfreies kreditorisches Konto. Bei provisionspflichtigen kreditorischen sowie bei debitorischen Konten ist die Kalkulation in ähnlicher Form durchzuführen. Wieweit auch bei den debitorischen Konten ein Teil der Zinsspanne als Entgelt für die eigentliche Kontoführung in Ansatz zu bringen ist, ist umstritten. Die Deutsche Bank sieht von einer Berücksichtigung ab, Seeliger (a. a. O.) befürwortet dagegen die Berechnung. Allgemeine Einigkeit besteht dagegen darüber, daß bei den provisionspflichtigen Konten grundsätzlich die Umsatzprovision als Einnahmequelle zu berücksichtigen ist.

Kontenkalkulationen wurden zuerst in den USA. durchgeführt. Sie hatten den ausgesprochenen Zweck, unrentable Konten auszumerzen. Die Konten wurden entweder überhaupt aufgelöst, oder man versuchte, sie durch Herabsetzung der Zinssätze, es handelte sich in der Hauptsache um kreditorische Konten (Scheckkonten), bzw. durch Erhöhung des Durchschnittguthabens oder auch durch Berechnung von Postengebühren rentabel zu gestalten. Eine derartig unmittelbare Einflußnahme auf die verschiedenen Ertrags- und Kostenfaktoren des einzelnen Kontos ist in Deutschland nur beschränkt möglich. Die Zinssätze unterliegen festen Vereinbarungen, das einzelne Unternehmen kann sie nicht beliebig ändern. Auch ist die Berechnung von Postengebühren, sofern eine solche Berechnung nicht bereits vor der Preisstopverordnung üblich war, nur mit Genehmigung des Reichsaufsichtsamtes für das Kreditwesen zulässig. Hinzu kommt, daß der größte Teil der Gebühren wertumsatzbedingt und nicht stückumsatzbedingt ist. Auch werden sehr viele Dienstleistungsgeschäfte, und zwar besonders im Zahlungs- und Überweisungsverkehr, bislang überhaupt kostenlos ausgeführt. Die Bemessung der Gebühren nach dem entstehenden Kostenaufwand bedeutet somit eine erhebliche Umwälzung und erscheint zunächst nur zu einem geringen Teil durchführbar. Dies mag dazu geführt haben, daß der Wert der Kontenkalkulationen sehr oft unterschätzt wird und daß sie vielfach als überflüssig angesehen werden.

Der Gedanke, die durch die verschiedenen Dienstleistungsgeschäfte entstehenden Kosten durch Berechnung von Posten- oder auch von Konto- oder Umsatzgebühren nach Möglichkeit wieder hereinzuholen, dürfte sich aber immer mehr durchzusetzen. So wurde auch bereits im Reichsgesetz über das Kreditwesen vorgesehen, daß das Aufsichtsamt die Berechnung besonderer Gebühren im unbaren Zahlungsverkehr festsetzen kann. Gerade die Kontenkalkulation schafft die Voraussetzung für eine gerechte Verteilung der Kosten. Sie läßt in Verbindung mit der Stück- oder Postenkalkulation klar erkennen, welche Arbeitsvorgänge und die Führung welcher Konten unrentabel ist und in welchem Umfange Gebühren zu berechnen sind. Die Kontenkalkulation wird daher voraussichtlich an Bedeutung gewinnen, zumal die Kreditinstitute durch Berechnung einer entsprechenden Umsatzprovision und durch lückenlose Erfassung der Barauslagen schon jetzt die Möglichkeit haben, die entstandenen Kosten zum Teil von den einzelnen Kunden wieder hereinzuholen. Wieweit man darüber hinaus ganz allgemein zur Berechnung von Stückgebühren oder auch von Kontobearbeitungsgebühren, wie dies bereits von verschiedenen Betrieben erfolgt, übergeht, muß der Entwicklung überlassen bleiben.

Der durch die Kontenkalkulation entstehende Arbeitsaufwand darf indessen nicht unterschätzt werden. Eine Kalkulation sämtlicher Konten ist kaum möglich. Dies ist aber auch keineswegs erforderlich (vgl. Fehrmann a. a. O.). Der erfahrene Buchhaltungsleiter wird nach einiger Übung unschwer die Konten erkennen, bei denen die Rentabilität fraglich und für die eine Kalkulation erforderlich ist. In der Regel dürfte es sich hierbei um ganz bestimmte Kontenarten handeln. So erwähnt Fehrmann, daß bei der Deutschen Bank im allgemeinen nur die kreditorischen Konten mit größerem Postenumsatz und geringem Guthaben einer Kalkulation unterzogen werden.

Zu beachten ist bei der Kontenkalkulation auch, daß durchaus nicht immer der gesamte Geschäftsverkehr mit dem einzelnen Kunden auf dem Konto oder doch nicht auf einem einzigen Konto seinen Niederschlag findet. Es können von dem Kunden Festgelder angelegt sein, oder es können sonstige Geschäfte mit ihm getätigt werden. Dies ist bei der Auswertung der Kontenkalkulation zu berücksichtigen.

d) Zins- und Bedarfsspannenrechnungen.

Zins- und Bedarfsspannenrechnungen dienen teils dem ausgesprochenen Betriebsvergleich, so wurden im Rahmen der Bankenquete 1933 die Zins- und Bedarfsspannen der verschiedenen Gruppen der Kreditinstitute ermittelt und einem Vergleich unterzogen, teils werden aber auch von den Banken Zins- und Bedarfsspannenrechnungen für innerbetriebliche Zwecke durchgeführt, so z. B. als Grundlage für die kurzfristige Erfolgsermittlung und weiter zum laufenden Vergleich der im Passiv- und Aktivgeschäft berechneten Zinssätze.

Nach Seeliger (a. a. O.) sind bei der Zins- und Bedarfsspannenrechnung folgende Meßziffern für den Aufwand und Ertrag zu unterscheiden: 1. der Zinsertrag in Prozenten der Bilanzsumme, 2. der Zinsaufwand in Prozenten der Bilanzsumme, 3. als Differenz zwischen den beiden der Zinsüberschuß in Prozenten der Bilanzsumme, die eigentliche Zinsspanne, 4. der Verwaltungsaufwand in Prozenten der Bilanzsumme, 5. der Verwaltungsertrag in Prozenten der Bilanzsumme, 6. die Differenz zwischen Verwaltungsaufwand und Verwaltungsertrag in Prozenten der Bilanzsumme, die Bedarfsspanne. Zur Erläuterung führt Seeliger das als Anlage 3 beigefügte Muster an.

In dem wiedergegebenen Muster sind die Zins- und Bedarfsspannen auf Grund der Jahresbilanz errechnet worden. Seeliger weist ausdrücklich darauf hin, daß innerhalb eines Jahres natürlich starke Schwankungen auftreten können. Um diese Schwankungen auszugleichen, kann man bei der Berechnung der Zins- und Bedarfsspannen von Durchschnittsbilanzen oder auch von Zwischenbilanzen (Vierteljahres-, Monats-, Dekadenbilanzen usw.) ausgehen. Die richtige Ermittlung der Zinsspannen setzt voraus, daß Kompensationen vermieden werden, d. h. Aktiv- und Passivkonten ein und desselben Kunden, die zu verschiedenen Zinssätzen laufen, dürfen nicht gegeneinander aufgerechnet werden. Auch ist das Eigenkapital der einzelnen Institute einschl. der stillen Reserven zu berücksichtigen. Sodann sind die verschiedenen Aufwands- und Ertragsposten richtig abzugrenzen. Aber selbst wenn alle diese Voraussetzungen erfüllt sind, ist ein Vergleich der Zins- und Bedarfsspannen der einzelnen Betriebe nur bedingt möglich, da zusätzlich die verschiedenartigsten nicht erfaßbaren Einflüsse auf die Höhe der Zins- und Bedarfsspannen einwirken. Seeliger (a. a. O.) führt unter anderem folgende nicht erfaßbare Einflüsse an:

a) Unterschiedliche Höhe der Zinssätze infolge verschiedenartigster Zusammensetzung der Geldeinlage- und Geldanlageposten (niedrig verzinsliche täglich fällige Einlagen, hochverzinsliche Spareinlagen oder Depositen, hochverzinsliche kurzfristige Kredite, niedrig verzinsliche Hypotheken).

b) Unterschiedlicher Umfang der Arbeit, die durch die Geldsammlung und Geldanlage entsteht (Führung von Kleinkonten oder Großkonten, von Girokonten oder Sparkonten usw.).

c) Verschiedenartige Verteilung des Aufwandes und Ertrages auf Zinsen, Provisionen und Gebühren.

d) Erhöhte Zinssätze bei risikoreichen Geschäften.

e) Verschiedenartigkeit des Verwaltungsaufwandes bei Zentral- und Filialbetrieben.

f) Abhängigkeit der Kosten von dem Standort des Kreditunternehmens; unterschiedliche Höhe der Gehälter und der Raumkosten.

Zu einer praktischen Auswertung der im Rahmen der Bankenquete ermittelten Zins- und Bedarfsspannen ist es daher auch nicht gekommen, man hat sich mit der Feststellung gegebener Tatsachen begnügen müssen (vgl. hierüber auch Fehrmann a. a. O.).

Dies besagt aber keineswegs, daß den Zins- und Bedarfsspannenrechnungen keine Bedeutung beizumessen ist. Für innerbetriebliche Zwecke werden insbesondere Zinsspannenrechnungen von einzelnen Betrieben mit Erfolg durchgeführt. Ihre erste systematische Anwendung dürfte bei der Deutschen Girozentrale erfolgt sein (vgl. Schoele a. a. O.). Die Zinsspannenrechnung bildet bei dieser die Grundlage für die kurzfristige Erfolgsermittlung, für die Liquiditätskontrolle und für die im Verkehr mit den angeschlossenen Sparkassen zu vertretende Zinspolitik. Die beiden letzteren Fragen sind für die Deutsche Girozentrale als Zentralbank und als Geldausgleichsstelle der Girozentralen, der Landesbanken und der Sparkassen von besonderer Bedeutung. Die Zinsspannenrechnungen werden an Hand einer besonderen Liquiditäts- und Ertragsbilanz durchgeführt. Das Erfordernis der Liquiditätskontrolle führte dazu, daß die einzelnen Aktiv- und Passivposten streng nach der Liquidität geordnet aufgeführt werden. Innerhalb der einzelnen Positionen werden die Posten nach Zinssätzen gegliedert. Dies verlangt eine weitgehende Aufgliederung der Aktiv- und Passivposten. So berichtet Schoele, daß allein der Posten „täglich fällige Lorokreditoren" in 5 Unterposten aufgeteilt wurde. Die Errechnung der Zinsen für die einzelnen Positionen erfolgt täglich. Die Zusammenstellung der Zinsen wird allerdings nur alle 10 Tage vorgenommen. Die tägliche Aufstellung der Liquiditäts- und Ertragsbilanz und die tägliche Errechnung der Zinsen ermöglicht eine außerordentlich genaue kurzfristige Erfolgsermittlung (vgl. Schoele a. a. O.).

Ein grundsätzlich anderes Verfahren hat die Deutsche Bank eingeschlagen. Auch sie stellt unkompensierte Bilanzen auf. Diese dienen aber nicht der kurzfristigen Erfolgsrechnung und der Liquiditätskontrolle, sondern sie haben die ausschließliche Aufgabe, die Auswirkung der unterschiedlichen Zinssätze und Zinsspannen der einzelnen Bilanzpositionen auf die Ertragsgrundlagen des Geschäftes klar herauszustellen. In den von der Deutschen Bank aufgestellten unkompensierten Bilanzen werden daher auch die Bilanzpositionen nicht nach Fälligkeiten sondern nach Zinssätzen gegliedert. Das Schema wird dadurch übersichtlicher und einfacher (vgl. Anlage 4). Im übrigen sind aber die vorerwähnten Grundsätze der Aufgliederung der Aktiven und Passiven durchaus gewahrt. So werden vor allem Kompensationen vermieden. Weiter werden die Währungspositionen und Markpositionen getrennt. Außerdem erfolgt eine gesonderte Aufführung der Abwicklungskredite und der zugehörigen Rückstellungskonten. Auch werden die in den Bankgebäuden und in den eigenen Wertpapieren investierten Mittel unter Angabe der für diese Mittel in Ansatz zu bringenden Zinssätze besonders ausgewiesen. Dadurch tritt die Schichtung der Gelder klar hervor, und man kann an Hand der unkompensierten Bilanz Zinskosten und Zinserträge unmittelbar vergleichen und sich einen genauen Überblick über die Ertragslage des Einlage- und Anlagegeschäftes verschaffen.

e) Die Geschäftssparten-Kalkulation.

Im Gegensatz zu der Abteilungskalkulation werden in der Geschäftssparten-Kalkulation nicht die einzelnen Abteilungen, sondern die Geschäftszweige einer Kalkulation unterzogen. Die Geschäftsspartenkalkulation ist seit etwa 10 Jahren bei der Deutschen Bank durch Rummel systematisch entwickelt und ausgebaut worden. Rummel hat die von ihm entwickelte Methode in Aufsätzen und Vorträgen wiederholt behandelt und so der Allgemeinheit zugänglich gemacht. Die nachstehenden Ausführungen fußen auf diesen Veröffentlichungen.

Die Deutsche Bank gliedert das gesamte Geschäft in 3 Geschäftssparten auf, nämlich in das Kreditgeschäft, in die Laufende Abteilung oder den Zahlungsverkehr und in das Effektengeschäft. Auf diese 3 Geschäftssparten wird der gesamte Aufwand und Ertrag verteilt und demgemäß werden auch die Kosten sämtlicher Abteilungen bzw. Kostenstellen diesen 3 Geschäftssparten zugerechnet. Die Spartengliederung geht aus der nachstehenden Aufstellung hervor:

A. Kreditgeschäft

Direktion
Sekretariat
Kreditabt. einschl. Obligoführung u. -überwachung
Auskunftei
Rechtsabteilung
Archiv
Direktionsdiener
Hilfsarbeit der Depotbuchhalter

B. Laufende Abteilung (Zahlungsverkehr)

Mark- und Sortenkassen
Überweisungsabteilung
Wechsel- u. Scheckabteilung
Devisenabteilung
Grundbogen (Journal)
Buchhaltung
Oberbuchhalterei
Skontren- u. Spezifikationen (ohne Effektenskontro)

C. Effektengeschäft

Börsenabteilung
Effektenrechnerei
Effektenkasse
Emissionsbüro
Kuponskasse
Tresorverwaltung
Depotbuchhaltung
Effektenskontro

Anteilig im Verhältnis des Gehaltsetats der obigen Gruppen werden umgelegt:

Auf A, B und C	Auf B und C
Personalabteilung	Revisionsabteilung
Telefonzentrale	Organisationsabteilung
Materialienverwaltung	Expedition
Portiers	Registratur

Die 3 von Rummel herausgestellten Geschäftssparten sind typisch für die Deutschen Kreditbanken. Sie bilden klare, eindeutige Kalkulationsobjekte. Die Bedeutung der einzelnen Geschäftssparten ist zwar bei den einzelnen Kreditunternehmen verschieden, d. h. bei dem einen Unternehmen wird z. B. der Zahlungsverkehr, bei dem anderen das Kreditgeschäft oder auch der Effektenverkehr überwiegen. Mehr oder weniger gliedert sich aber das Geschäft bei allen Kreditbanken in diese 3 Sparten. Anders ist es allerdings bei den Sparkassen und Hypothekenbanken (vgl. hierüber Abschnitt II b 3). Innerhalb der einzelnen Hauptsparten können erforderlichenfalls die verschiedenen Untersparten einer Kalkulation unterzogen werden, so z. B. das Kontokorrentkreditgeschäft, das Diskontwechselgeschäft, das Geldgeschäft, der Effektenhandel, die Effektenverwaltung usw. (vgl. hierüber Rummel a. a. O.).

Das von Rummel veröffentlichte Muster einer Geschäftsspartenkalkulation einer Zweigniederlassung der Deutschen Bank wird beigefügt (Anlage 5). Wie aus dem Muster hervorgeht, wird der Aufwand und Ertrag der einzelnen Geschäftssparten weitgehend aufgegliedert und für jede einzelne Sparte wird der Gewinn bzw. Verlust klar herausgestellt. Die aus den Zinsen, Provisionen und Gebühren resultierenden Aufwands- und Ertragsposten können im wesentlichen unmittelbar den Aufwands- und Ertragskonten bzw. den zugehörigen Skontren entnommen werden. Lediglich der der laufenden Abteilung zusätzlich zuzurechnende Zinsanteil von 1% für die provisionsfreien und von ½% für die provisionspflichtigen Gelder ist an Hand des durchschnittlichen Bestandes dieser Gelder besonders zu errechnen. Die Gehaltskosten, die Sachkosten sowie die Generalunkosten und die Steuern müssen dagegen in jedem Fall für sämtliche 3 Sparten besonders aufgegliedert und verteilt werden. Die Art der Erfassung und Verteilung dieser Kosten wurde bereits in Abschnitt I a 2 erläutert. Besonders hinzuweisen ist auf die in der Spalte „In A—C nicht enthaltene Kosten" ausgewiesenen Beträge. Es werden in dieser Spalte alle jene Ausgaben aufgeführt, die den regulären Unkostenetat nicht berühren, wie z. B. einmalige, in absehbarer Zeit nicht wiederkehrende Sachkosten, Steuernachzahlungen und dergleichen. Die Spalte enthält ferner den Unterschied zwischen dem kalkulatorisch nach dem Stand vom 1. Januar bzw. 1. Juli veranschlagten Gehaltsetat und den im abgelaufenen Zeitraum zur Auszahlung gelangten Gehältern. Dadurch wird zwischen der Kalkulation und der Gewinn- und Verlustrechnung die erforderliche Verbindung hergestellt. Die Kalkulation weist somit die gesamten Zahlen der Gewinn- und Verlustrechnung aus. Die Aufgliederung erfolgt aber ausschließlich nach kalkulatorischen Gesichtspunkten.

In Verbindung mit der Geschäftsspartenkalkulation werden bei der Deutschen Bank Postenkalkulationen durchgeführt und außerdem werden unkompensierte Bilanzen aufgestellt. Die Geschäftsspartenkalkulation gewährt einen Überblick über den Aufwand und Ertrag der einzelnen Geschäftszweige. Durch die Postenkalkulation wird dagegen der Kostenverzehr und damit die Leistung, d. h. die wirtschaftliche Abwicklung der verschiedenen Arbeiten innerhalb der umfangreichen, der Postenkalkulation zugänglichen Arbeitsgebiete des Betriebes überwacht. Die unkompensierte Bilanz ermöglicht schließlich einen genauen Einblick in die Schichtung der Gelder und in die Zusammensetzung der Zinskosten und Zinserträge. Dadurch gewinnt man ein klares Bild über die gegenwärtige und zukünftige Ertragslage des Betriebes. Die von der Deutschen Bank entwickelte Kalkulationsmethode darf, wie Rummel ausführt, für sich in Anspruch nehmen, in das Spiel der Erfolgs- und Unkostenfaktoren, in dem sich auch das Tastgefühl des gewiegtesten Bankfachmannes kaum noch zurecht finden konnte, Licht gebracht zu haben. Sie hat alle Illusionen über vermeintliche Erfolge unbarmherzig zerstört und den Kritiker gezwungen, die Wirklichkeit nüchtern und vorurteilsfrei zu betrachten.

II. Die einheitliche Gestaltung und Durchführung von Kostenrechnungen.

Wie die Ausführungen in dem vorhergehenden Abschnitt gezeigt haben, sind die Probleme der Kostenrechnung in der Praxis einer weitgehenden Lösung zugeführt worden. Inwieweit die entwickelten Methoden die Grundlage für eine einheitliche Gestaltung der Kostenrechnungen bilden können und in welcher Form die Vereinheitlichung gegebenenfalls durchzuführen ist, soll im nachstehenden geprüft werden. Dabei wird, um zunächst die grundsätzlichen Fragen klarzulegen, von den vom Reichskuratorium für Wirtschaftlichkeit vertretenen sowie ferner von den amtlich verlautbarten Kostenrechnungsgrundsätzen ausgegangen.

a) Die Grundbedingungen der Kostenrechnung gemäß den Veröffentlichungen des Reichskuratoriums für Wirtschaftlichkeit und den amtlichen Kostenrechnungsgrundsätzen.

Das Reichskuratorium für Wirtschaftlichkeit (RKW), das im Jahre 1921 auf Anregung des Reichswirtschaftsministeriums und des Verbandes technisch wissenschaftlicher Vereine gegründet wurde, wandte von Anfang an dem einheitlichen Aufbau der Kostenrechnungen sein besonderes Augenmerk zu. Es hat in enger Verbindung mit der Praxis die Probleme der Kostenrechnung ständig weiter verfolgt und die Grundlagen der Kostenrechnung weiter ausgebaut. Die von dem RKW vertretenen Grundsätze über den Zweck, den Aufbau und die Durchführung von Kostenrechnungen sind in verschiedenen Veröffentlichungen niedergelegt. Zu erwähnen ist besonders die RKW-Veröffentlichung Nr. 101 „Größere Wirtschaftlichkeit durch geordnetes Rechnungswesen und Betriebsuntersuchungen"[1]). Die außerdem heranzuziehenden amtlichen Kostenrechnungsgrundsätze fußen im wesentlichen auf den Arbeiten des RKW. Sie wurden von dem Reichswirtschaftsminister und dem Reichskommissar für die Preisbildung mit Erlaß vom 16. Jan. 1939 unter der Bezeichnung „Allgemeine Grundsätze der Kostenrechnung" herausgegeben. Diese Grundsätze sollen die Grundlage für die von den Gruppen der Organisation der gewerblichen Wirtschaft auszuarbeitenden Kostenrechnungsrichtlinien bilden und so innerhalb der einzelnen Gruppen einen einheitlichen

---

[1]) Der gleichfalls vom RKW herausgegebene Grundplan der Selbstkostenrechnung (RKW Veröffentlichung Nr. 61) wird zur Zeit nicht mehr ausgeliefert; er wird umgearbeitet.

Aufbau der Kostenrechnungen gewährleisten. Der erwähnte Erlaß ist zwar ausschließlich an die Reichsgruppen Industrie, Handel und Handwerk gerichtet. Er gilt also nicht für die Reichsgruppe Banken. Auch die Arbeiten des RKW beziehen sich in erster Linie auf Industrie-, Handels- und Gewerbebetriebe. Die Veröffentlichungen sind aber von so allgemeingültiger Bedeutung, daß sie zu einem erheblichen Teil auch auf die Kreditunternehmen anwendbar sind, zumal sie sich vorwiegend mit der Klärung der grundsätzlichen Fragen der Kostenrechnung befassen. Ein Eingehen auf diese Veröffentlichungen und eine Auswertung derselben erscheint daher geboten. Im nachstehenden sollen allerdings nur die Punkte behandelt werden, die für die Kreditunternehmen von unmittelbarem Interesse sind.

1. Wesen und Aufgaben der Kostenrechnung.

Die Kostenrechnung ist nach dem RKW derjenige Teil des betrieblichen Rechnungswesens, der, im Gegensatz zur monatlichen oder jährlichen Erfolgsrechnung, den durch die Erstellung der betrieblichen Leistungen verursachten betrieblichen Güterverzehr, die Kosten, nicht nach Zeitabschnitten — wie diese —, sondern nach Betriebsleistungen sammelt. Vielfach werden außer den Kosten auch die Erlöse für die einzelnen Betriebsleistungen festgestellt, und man rechnet als Differenz zwischen Kosten und Erlös den Erfolg für die einzelnen Leistungen aus. Die Berücksichtigung der Erlöse (Erträge) ist jedoch keineswegs als wesentlich anzusehen. Der vom RKW herausgegebene Grundplan der Selbstkostenrechnung beschäftigt sich z. B. nur mit der reinen Kostenrechnung.

Die Betriebsleistung wird nach Möglichkeit in Leistungseinheiten zerlegt. Gegenstand der Selbstkostenrechnung ist dementsprechend vor allem die Leistungseinheit oder das Stück. Neben der Leistungseinheit tritt aber auch die Leistungsgruppe als Gegenstand der Selbstkostenrechnung auf, und zwar in allen Fällen, in denen die Betriebsleistung sich nicht in Einzelleistungen aufgliedern läßt. Wesentlich bleibt aber in jedem Fall die Abstellung der Kostenrechnung auf die Betriebsleistung. Es sollen die Kosten je Betriebsleistung festgestellt und überwacht und dadurch die Voraussetzungen für ein wirtschaftliches Arbeiten geschaffen werden.

In den „Allgemeinen Grundsätzen der Kostenrechnung" wird daher auch einleitend gesagt, daß sie den Zweck haben, durch richtige Ausgestaltung und Auswertung der Kostenrechnung in den Betrieben die Wirtschaftlichkeit der Leistungserstellung zu steigern. Die Wirtschaftlichkeit der Leistungserstellung hängt, wie weiter ausgeführt wird, von der Wirtschaftlichkeit der Kostengestaltung ab. Voraussetzung für die Leistungssteigerung ist demgemäß eine genaue Kenntnis der Kosten. Diese Kenntnis wird durch eine richtige und vergleichbare Kostenrechnung vermittelt. Eine einwandfrei aufgebaute Kostenrechnung soll im einzelnen ermöglichen

1. eine planvolle Kostenüberwachung,
2. klare Vorrechnung, in der Regel auf der Grundlage der Nachrechnung,
3. die Vorbereitung der Preiskalkulation einzelner Leistungen oder Leistungsgruppen.
4. einzelbetriebliche und zweigwirtschaftliche Kostenvergleiche,

5. die Durchführung sonstiger Aufgaben, wie die Bewertung der Bilanzbestände und der selbsterstellten Anlagen, die Bereitstellung von Unterlagen für die kurzfristige Erfolgsrechnung, für die Statistik und für die Planung.

Wie aus diesen Zielen hervorgeht, ist die Aufgabe der Kostenrechnung auf keinen Fall, wie früher vielfach angenommen wurde, auf die Durchführung der Preiskalkulation beschränkt. Eine Kostenrechnung, die nur das Ziel der Preiskalkulation verfolgt, wie z. B. die Stückkostenrechnung und die Kontenkalkulation an Hand von Standardzeiten (vgl. Abschnitt I b 2 und c) dürfte keineswegs den „Allgemeinen Grundsätzen der Kostenrechnung" entsprechen. Ebenso wichtig wie die Preiskalkulation ist die planvolle Kosten-Überwachung und damit die Überwachung der Betriebsgebarung. So stellt auch das Reichskuratorium für Wirtschaftlichkeit die Überwachung der Betriebsgebarung als eines der Hauptziele der Kostenrechnung hin. Die Überwachung der Betriebsgebarung kann ganz wesentlich durch Kostenvergleiche gefördert werden. Den Kostenvergleichen messen daher auch die Kostenrechnungsgrundsätze die größte Bedeutung bei. In denselben wird wiederholt darauf hingewiesen, daß eine einheitliche und damit vergleichbare Kostenrechnung erforderlich ist, um vor allem durch zwischenbetriebliche Vergleiche eine erweiterte Auswertung der Ergebnisse der Kostenrechnungen zu ermöglichen.

2. Grundbegriffe und Grunderfordernisse der Kostenrechnung.

Der einheitliche Aufbau der Kostenrechnung verlangt zunächst die Erzielung einer Übereinstimmung in den Grundbegriffen und Grunderfordernissen. Auf die eindeutige Festlegung dieser Grundbegriffe und Grunderfordernisse ist daher in den Richtlinien und Grundsätzen besonderes Gewicht gelegt. Auf folgende Punkte sei besonders hingewiesen:

Kosten sind wertmäßiger Güter- und Dienstverzehr zur Erstellung von Leistungen. Daher sind in der Kostenrechnung nicht die Ausgaben, sondern der wirtschaftliche Werteverzehr maßgebend. Dem Begriff „Kosten" steht in der Buchhaltung der Begriff „Aufwand" gegenüber. Beide Begriffe decken sich im wesentlichen. Immerhin ist zu betonen, daß es sich bei den „Kosten" um den wirtschaftlichen Werteverzehr zur Erstellung von Leistungen, bei dem „Aufwand" dagegen um die periodengerechte Aufteilung der Ausgaben handelt. So gibt es Kosten, die nicht als „Aufwand" erscheinen, z. B. die in der Kostenrechnung zu berücksichtigenden Abschreibungsquoten auf die in der Buchhaltung bereits voll abgeschriebenen Wirtschaftsgüter; andererseits erscheinen einzelne Aufwandsposten nicht in der Kostenrechnung, z. B. überhöhte Abschreibungen oder Ausgaben für Schenkungen (neutraler Aufwand). Es handelt sich hier aber immer nur um einzelne Ausnahmefälle. Der weitaus größte Teil der Kosten wird in der Buchhaltung als regulärer Aufwand erfaßt.

Die Kostenrechnung muß sämtliche entstandenen Kosten in richtiger, zeitlicher Abgrenzung erfassen und entsprechend der Kostenbeanspruchung verrechnen. An Stelle der bilanzmäßigen Abschreibungen sind in der Kostenrechnung nach besonderen Grundsätzen ermittelte kalkulatorische Abschreibungen zu berücksichtigen. Auch hat die Verrechnung kalkulatorischer Zinsen sowie gegebenenfalls die Verrechnung kalkulatorischer Wagniszuschläge und die Verrechnung eines kalkulatorischen Unternehmerlohnes zu erfolgen. Außerordentliche und betriebsfremde Aufwendungen und Erträge bleiben dagegen in der Kostenrechnung unberücksichtigt.

Die Kosten sollen erfaßt und gegliedert werden nach Kostenarten, Kostenstellen und Kostenträgern (vgl. den folgenden Abschnitt IIa 3). Die Erfassung der Kostenarten hat grundsätzlich in der Buchhaltung zu erfolgen. Die Kosten der Kostenstellen und der Kostenträger können dagegen auch durch sogenannte Betriebsabrechnungsbogen in Form statistischer Aufzeichnungen ermittelt werden. Die Führung von Betriebsabrechnungsbogen (vgl. Anlage 6) wird im allgemeinen vorgezogen. Die Zahlen sollen aber mit der Buchhaltung abstimmbar sein. Die Ausgestaltung der Kostenrechnung hat unter dem Gesichtspunkt der Wirtschaftlichkeit zu erfolgen, d. h. die Kostenrechnung soll so einfach wie möglich sein.

Bei der Verrechnung der Kosten sind zwei Verfahren zu unterscheiden, nämlich erstens die direkte Kostenzurechnung durch unmittelbare Kostenerfassung für die Kostenstellen oder die Kostenträger und zweitens die indirekte Zurechnung auf die Kostenstellen und Kostenträger mit Hilfe von Schlüsseln. Der direkten Kostenzurechnung entsprechen die Einzelkosten (bei Kostenstellen: Stelleneinzelkosten), der indirekten Zurechnung die Gemeinkosten (bei Kostenstellen: Stellengemeinkosten).

Die richtige Kostenrechnung erfordert eine möglichst weitgehende direkte Zurechnung der Kosten auf Kostenstellen und Kostenträger (Grundsatz der direkten Zurechnung). Eine direkte Zurechnung sämtlicher Kosten ist allerdings nur in wenigen Betrieben möglich. In der Regel, und zwar auch in Bankbetrieben, kann man nur einen Teil der Kosten direkt erfassen, die restlichen Kosten, nämlich die Gemeinkosten, müssen durch Schlüssel aufgeteilt werden. Diese direkte Zurechnung der Einzelkosten und indirekte Zurechnung der Gemeinkosten wird als Zuschlagsrechnung bezeichnet.

Die verwandten Schlüssel sollen möglichst allen, die Kostenbeanspruchung beeinflussenden Faktoren proportional und leicht zu ermitteln sein. Die Durchführung von Kostenvergleichen (Zeit- und Betriebsvergleichen) erfordert Gleichartigkeit und Stetigkeit der für die Kostenschlüssel gewählten Grundlagen.

Der Beschäftigungsgrad ist nach Möglichkeit in der Kostenrechnung zu berücksichtigen. Zu dem Zweck wird empfohlen, die Kosten nach festen, von Beschäftigungsschwankungen in weiten Grenzen unabhängigen, und nach beweglichen Kosten zu gliedern. Erwähnt sei, daß statt feste und bewegliche Kosten vielfach die Ausdrücke fixe und proportionale Kosten gebraucht werden.

In der Kostenträgerrechnung werden die Kosten grundsätzlich, in der Kostenstellenrechnung soweit möglich, auf Leistungseinheiten oder Leistungsgruppen umgelegt. Erläuternd sei hierzu bemerkt, daß in der Kostenträgerrechnung den Leistungen der Erlös bzw. die Erträge gegenübergestellt werden, in der Kostenstellenrechnung handelt es sich dagegen um Teilleistungen, diese dienen ausschließlich der Kostensammlung und Kostenüberwachung. Die Wahl der der Kalkulation zu Grunde zu legenden Leistungseinheiten bzw. Leistungsgruppen hat daher in der Kostenträgerrechnung und in der Kostenstellenrechnung nach ganz verschiedenen Gesichtspunkten zu erfolgen. Sieht man von der Aufgabe der Kostensammlung und Kostenverrechnung ab, so sind in dem einen Falle die Leistungseinheiten bzw. Leistungsgruppen Mittel für die ertragswirtschaftliche, in dem anderen Fall dagegen Mittel für die arbeits- und produktionstechnische Überwachung des Betriebes. Um dies möglichst scharf hervorzuheben, werden in den nachstehenden Ausführungen die Leistungen in der Kostenträgerrechnung als „ertragsorientierte" und die Leistungen in der Kostenstellenrechnung als „kostenorientierte" Leistungen bezeichnet.

3. Gliederung und Aufbau der Kostenrechnung.

Zur Erreichung der in Abschnitt II a 1 erläuterten Ziele der Kostenrechnung sollen gemäß den „Allgemeinen Grundsätzen der Kostenrechnung" die Kosten nach Kostenarten, Kostenstellen und Kostenträger gegliedert werden. Dementsprechend umfaßt die Kostenrechnung 3 Grundformen, nämlich die Kostenarten-, die Kostenstellen- und die Kostenträgerrechnung.

In der Kostenartenrechnung werden die einzelnen Kostenelemente gesammelt wie z. B. Lohn, Material, Abschreibungen usw. Es erfolgt also eine Sammlung der Kosten nach der Verkehrsbezeichnung und nicht, worauf das RKW ausdrücklich hinweist, nach der Zweckbestimmung. So sollen z. B. grundsätzlich keine Personalkosten als Sachkosten verbucht werden. Die Gliederung der Kosten nach der Verkehrsbezeichnung entspricht im wesentlichen der üblichen Gliederung der Aufwandskonten. In den Kostenrechnungsgrundsätzen wird daher auch, wie bereits erwähnt, grundsätzlich empfohlen, die Kostenarten in der Buchhaltung zu erfassen. Das besagt aber nicht, daß für jede einzelne Kostenart auch ein besonderes Konto einzurichten ist, sondern es ist durchaus zulässig, daß einzelne Kostenarten zusammengefaßt verbucht werden; die weitere Aufgliederung hat dann erforderlichenfalls durch statistische Aufzeichnungen zu erfolgen. Die Zahl der zu bildenden Aufwandskonten ist in jedem Falle abhängig von der Art und Größe des Betriebes. Für die Reichsgruppen Industrie, Handel und Handwerk wurde die eindeutige Gliederung und Erfassung der Kosten wesentlich gefördert durch die von dem Reichs- und Preußischen Wirtschaftsminister und von dem Reichskommissar für die Preisbildung mit Erlaß vom 11. Nov. 1937 herausgegebenen „Richtlinien zur Organisation der Buchführung". In diesen Richtlinien wird unter Abschnitt III ausdrücklich auf die Bedeutung eines einheitlichen Kontenrahmens als Grundlage der Selbstkostenberechnung hingewiesen. Muster eines Kontenrahmens wurde den Richtlinien beigefügt.

Die Kostenstellenrechnung baut auf der Kostenartenrechnung auf. Sie dient der Sammlung der Kosten für die Kostenträgerrechnung und gleichzeitig der kostenmäßigen Überwachung der einzelnen Kostenstellen. So werden auch in der RKW Veröffentlichung Nr. 101 als Gründe für die Bildung von Kostenstellen angegeben: 1. die betriebsgerechte Verteilung der einzelnen Kostenarten, 2. die Kontrolle der einzelnen Tätigkeits- oder Verantwortungsbereiche in bezug auf ihre Wirtschaftlichkeit, d. h. Vergleich von Kosten und Leistung und 3. die Stärkung des Verantwortungsbewußtseins und dadurch Erziehung zur Bestleistung. Hinsichtlich der Bildung selbst wird gesagt: Kostenstellen bilden heißt, die Frage beantworten, an welchem Ort bzw. durch welche Tätigkeit entstehen die Kosten. Die Kostenstellen brauchen sich demnach keineswegs mit den organisatorisch gebildeten Betriebsabteilungen zu decken. Sie können Teile von Abteilungen oder auch mehrere Abteilungen umfassen. Häufig stellt eine Kostenstelle überhaupt keine besondere Betriebsabteilung dar, sondern lediglich eine reine rechnungsmäßige Zusammenfassung der Kosten. In den Fällen, in denen die Leistung sich stück- oder postenmäßig messen läßt, wird man möglichst die Kostenstellen so bilden, daß eine kostenmäßige Überwachung der Stückleistung möglich ist. Fallen keine Stückleistungen an, wie z. B. im allgemeinen in den Verwaltungsabteilungen, so wird man sich bei der Bildung der Kostenstellen lediglich nach dem Prinzip der leichten und eindeutigen Erfaßbarkeit der Kosten richten. An die Stelle der kostenmäßigen Überwachung der Stückleistung tritt dann die Überwachung der Gesamtkosten der Kostenstelle. Zu unterscheiden sind Hauptkostenstellen und Nebenkostenstellen. Die in den Nebenkostenstellen gesammelten Kosten werden auf die Hauptkostenstellen verteilt, z. B. Umlegung der Kosten der Verwaltungsabteilungen auf die eigentlichen Leistungsabteilungen. Zur Erfassung und Verteilung der Kosten empfiehlt das RKW die Führung eines besonderen Betriebsabrechnungsbogens. Die schematische Darstellung eines solchen wird beigefügt (vgl. Anl. 6).

Die Kostenträgerrechnung verrechnet die Kosten grundsätzlich auf die Leistungen oder Leistungsgruppen (ertragsorientierte Leistungen vgl. Abschn. II a 2). Gegenstand der Kostenträgerrechnung sind aber nicht nur die absatzfähigen, d. h. die für den Verkauf hergestellten Leistungen, sondern auch die innerbetrieblichen Leistungen, z. B. selbsthergestellte Anlagen. Die Kostenträgerrechnung kann ebenso wie die Kostenstellenrechnung in der Buchhaltung oder statistisch — in diesem Falle abstimmbar mit der Buchhaltung — geführt werden. Von besonderem Interesse ist sodann folgender Hinweis in den Kostenrechnungsgrundsätzen: „Bei Betrieben mit einer besonders großen Zahl verschiedenartiger Kostenträger (Leistungen) läßt die Wirtschaftlichkeit der Rechnungsführung eine laufende Kostenträgerrechnung vielfach nur für Leistungsgruppen zu, wobei die Uneinheitlichkeit der darin zusammengefaßten Leistungen die Ergebnisse unklar und unvergleichbar machen kann. In solchen Fällen soll in zeitlichen Abständen eine Ergänzung der laufenden Leistungsgruppenrechnung durch eine genaue Kostenermittlung für die einzelnen Leistungen vorgenommen werden. Da es in Bankbetrieben ertragsorientierte Einzelleistungen im Sinne der Kostenträgerrechnung (vgl. Abschnitt II a 2) nicht gibt, wird man daher gerade in diesen Kostenträgerrechnungen stets als Leistungsgruppenrechnungen durchführen müssen. Dieser Gedanke ist in der Geschäftsspartenkalkulation und in den in Verbindung mit ihr durchgeführten Posten- und Kontenkalkulationen verwirklicht.

b) Die Geschäftsspartenkalkulation als Grundlage eines einheitlichen Aufbaues der Kostenrechnungen.

Von den in den Abschnitt I geschilderten verschiedenen Kostenrechnungsmethoden haben insbesondere die Geschäftsspartenkalkulation sowie die in Ergänzung derselben aufgestellte unkompensierte Bilanz und ferner die in Verbindung mit der Geschäftsspartenkalkulation vorgenommenen Posten-

und Kontenkalkulationen zu praktischen und auswertbaren Ergebnissen geführt. Die planmäßige Durchführung von Geschäftsspartenkalkulationen erfolgt, wie bereits erwähnt, vor allem bei der Deutschen Bank. Aber auch bei anderen Betrieben finden sich ähnliche Verfahren. So wird u. a. auch von dem Deutschen Sparkassen- und Giroverband in einer Stellungnahme zur Frage der Stückaufwandsrechnung im Zahlungsverkehr in der Zeitschrift „Zahlungsverkehr und Bankbetrieb", Heft 7 vom 10. 7. 1934, ausgeführt: Das vom Deutschen Sparkassen- und Giroverband angewandte Verfahren unterscheidet sich von dem bei der Deutschen Bank benutzten — soweit wir das auf Grund der bisherigen Veröffentlichungen zu beurteilen vermögen — u. E. wesentlich nur insofern, als es nicht auf laufend durchgeführten Aufzeichnungen, sondern auf einer nur einmal durchgeführten Erhebung beruht. Allgemein durchgesetzt hat sich allerdings die Geschäftsspartenkalkulation noch keineswegs, doch berechtigen die erzielten Erfolge durchaus dazu, die Geschäftsspartenkalkulation als Grundlage für die Beurteilung der Frage einer einheitlichen Gestaltung der Kostenrechnungen heranzuziehen. Bei den weiteren Untersuchungen wird dabei von den in den Richtlinien des Reichskuratoriums für Wirtschaftlichkeit und in den amtlichen Kostenrechnungsgrundsätzen empfohlenen Gliederung der Kostenrechnungen in Kostenartenrechnung, Kostenstellenrechnung und Kostenträgerrechnung ausgegangen. Diese Gliederung entspricht durchaus den besonderen Erfordernissen der Kreditunternehmen, sie gibt einen klaren Einblick in den Kostenaufbau und in die Kostengestaltung. Auch erfolgt in der Geschäftsspartenkalkulation eine ähnliche Gliederung.

1. Die Kostenartenrechnung.

Die Kreditunternehmen besitzen eine sehr fein gegliederte und mit großer Sorgfalt aufgebaute Kostenartenrechnung in den von ihnen geführten Aufwandskonten. Der Führung der Aufwandskonten und damit auch der Erfassung und Überwachung der Kosten (vgl. Abschnitt II a 2) wurde von jeher in den Bankbetrieben die größte Bedeutung beigelegt. Die verschiedenen Kostenarten werden entweder auf Einzelkonten oder auch in besonderen Skontren bis ins einzelne zergliedert und nachgewiesen. Auch auf die buchmäßig einwandfreie Abgrenzung der Kosten, d. h. auf die richtige zeitliche Verteilung des Aufwandes, wird wohl in allen Betrieben geachtet. Der außerordentlich sorgfältige Aufbau der Kostenartenrechnung dürfte mit dazu beigetragen haben, daß man lange Zeit der weiteren Ausgestaltung der Kostenrechnung im Kreditwesen wenig Beachtung schenkte. Erst nachdem in den Jahren nach 1918 der Zahlungsverkehr und die sonstigen Dienstleistungsgeschäfte in starkem Umfange anstiegen, ergab sich der Wunsch nach einem weiteren Ausbau der Kostenrechnung.

Die Kostenartenrechnung selbst brauchte dabei nicht geändert zu werden. Auch die Geschäftsspartenkalkulation sieht von einer Änderung ab. Die Art der Erfassung der Kostenarten entspricht in ihren Grundzügen durchaus den Erfordernissen, die das Reichskuratorium für Wirtschaftlichkeit und die amtlichen Kostenrechnungsgrundsätze an die Kostenartenrechnung stellen. Kostenarten und Kostengliederung der einzelnen Betriebe stimmen dabei, wie in

Abschnitt IIc noch näher ausgeführt wird, weitgehend überein. In der relativen Höhe der Kostenbelastung ergeben sich allerdings zum Teil recht erhebliche Abweichungen. Erinnert sei an die unterschiedliche Belastung der Betriebe durch Steuern und Abgaben, sowie an die unterschiedlichen Aufwendungen für die Altersversorgung der Gefolgschaftsmitglieder. Die Gliederung der Kostenartenrechnung wird aber dadurch nicht beeinflußt und tatsächlich hat sich in der Praxis auch ein fast vollständig einheitlicher Aufbau herausgebildet.

Trotz dieses bestehenden einheitlichen Aufbaus dürfte es sich aber doch empfehlen, die Grundzüge der Kostenartenrechnung festzulegen und im Rahmen besonderer Buchhaltungsrichtlinien Kontenpläne für die in den verschiedenen Wirtschafts- und Fachgruppen zusammengeschlossenen Unternehmen aufzustellen. Vereinzelt bestehende Abweichungen in der Verbuchung der Kosten könnten dabei beseitigt werden. So werden z. B. in Ausnahmefällen die Kosten für das Hauspersonal als Hausreinigungskosten, die Gehälter für Kraftfahrer als Autobetriebskosten verbucht. Auch in den Veröffentlichungen von Rummel findet sich z. B. der Vermerk: Außerdem zu Lasten „Sachliche Unkosten" entlohnte Angestellte. Eine solche Gliederung der Kosten nach ihrer Zweckbestimmung (vgl. Abschnitt IIa 3) erfolgt besser und einfacher in der Kostenstellenrechnung.

In den Richtlinien wären weiter die Zinssätze für das Eigenkapital sowie die Zins- und Abschreibungssätze für das in den Bankgebäuden und in dem Inventar investierte Kapital festzulegen. Auch sind gegebenenfalls die normalen Risiken des Geschäfts als Kosten auszuweisen. So erkennen z. B. die Finanzbehörden in gewissem Umfange Risikoabschreibungen auf die herausgelegten Kredite als steuerfrei und damit als Kosten an. Wie weit derartige Kosten in der Kostenrechnung zu erfassen sind, wäre durch gemeinsame Besprechungen der beteiligten Stellen zu klären. Die Aufstellung von Buchhaltungs- und Kostenrechnungsrichtlinien würde eine Regelung dieser und ähnlicher Fragen erleichtern und eine einheitliche Erfassung und Gliederung der Kosten gewährleisten.

2. Die Kostenstellenrechnung.

Kostenstellenrechnungen haben entsprechend den Ausführungen in Abschnitt IIa 3 die Aufgabe, die Kosten für die Kostenträgerrechnung zu sammeln und die Wirtschaftlichkeit des Betriebes zu überwachen. Die Überwachung der Wirtschaftlichkeit erfolgt durch Gegenüberstellung von Kosten und Leistung, also durch Leistungsmessung. In außerordentlich klarer und überzeugender Weise wies Prof. Mellerowicz in seinem auf dem 4. Betriebswirtschaftertag gehaltenen Vortrag „Die Plankostenrechnung (Kostenvorschaurechnung) als Helferin der Rationalisierung" auf die Bedeutung der Kostenstellenrechnung als Mittel der Leistungskontrolle hin. Er forderte geradezu die allgemeine Einführung von Kostenstellenrechnungen, um die laufende Überwachung der Betriebsgebarung zu gewährleisten. Besonders in der gelenkten Wirtschaft bzw. in allen Betrieben mit gebundenen Preisen, d. h. mit Preisen, die nicht der ständigen Kontrolle durch die freie Konkurrenz unterliegen, seien Kostenstellenrechnungen zur Überwachung der Wirtschaftlichkeit unentbehrlich. Dies gilt zu einem erheblichen Teil auch für die Bankbetriebe. Die Kostenstellen seien der Ort der Leistung und der Kostenentstehung. Die Leistung fange in ihnen an und höre in ihnen auf. Die Kosten und die Leistungsverantwortlichen würden durch die Kostenstellenrechnung eindeutig herausgestellt. Die Leistungsmessung erfolgt durch die Kostenhöhe, und zwar durch den Zeitvergleich (den innerbetrieblichen Vergleich) und durch den zwischenbetrieblichen Vergleich. Dem innerbetrieblichen Vergleich haften aber die bekannten Mängel an (vgl. Abschnitt III). Es ist daher möglichst der zwischenbetriebliche Kostenstellenvergleich anzustreben. Beim zwischenbetrieblichen Kostenvergleich kann eine wirklich erfolgversprechende Auswertung aber nur erfolgen bei Bildung engbegrenzter gleichartiger Betriebsgruppen. Erst wenn man sich diesen Sinn und Zweck der Kostenstellenrechnung vor Augen hält, kann man sich über den einheitlichen Aufbau derselben klar werden.

Die Grundzüge der Kostenstellenrechnung im Kreditwesen sind in der im Rahmen der Geschäftsspartenkalkulation durchgeführten Postenkalkulation gefunden. Die Postenkalkulation ist eine ausgesprochene Leistungsrechnung. Durch die Bildung besonderer Kostenstellen und durch die Loslösung von der Abteilungsgliederung ist eine klare Herausstellung der Leistung, also des Vergleichsobjektes, und eine eindeutige Erfassung der Kosten gewährleistet. Der weitaus größte Teil des in den Bankbetrieben anfallenden Arbeitsuafwandes und der durch den Arbeitsaufwand entstehenden Kosten ist unmittelbar abhängig von der Zahl der zu erledigenden Geschäftsvorfälle. Die Zahl der Arbeitsvorgänge und die Höhe der Kosten stehen in direktem Verhältnis zueinander, wenn beide natürlich auch nicht in genau dem gleichen Verhältnis steigen und fallen, sich also nicht streng proportional entwickeln. Immerhin läßt sich aber doch in weitem Umfange die Leistung durch die Kosten für die Stückeinheit messen, und die wirtschaftliche Erledigung der Mehrzahl der Arbeiten kann dadurch scharf überwacht werden. In erster Linie gilt dies für den gesamten Zahlungsverkehr, also für den Kassen-, Scheck-, Wechsel- und Überweisungsverkehr, sowie ferner für den Buchungsverkehr. Bei den Kreditbanken entfällt nach Rummel auf diese Arbeiten fast 60% der gesamten Kosten. Aber auch für viele der sonstigen Arbeiten lassen sich klare Meßziffern finden (vgl. hierüber im einzelnen Abschnitt IIIb). Die Abstellung der Kostenstellenrechnung auf die Überwachung der wirtschaftstechnischen Leistungen des Betriebes bedeutet nun aber natürlich nicht, daß ihre Ergebnisse nicht auch für die Überprüfung einzelner Ertragsquellen herangezogen werden können. So werden z. B. durch die Feststellung der Stückkosten im Zahlungsverkehr ganz zwangsläufig die beiden Fragen aufgeworfen, wie diese Kosten gedeckt werden und wie gegebenenfalls eine Berechnung von Stückkosten sich auswirken würde. Die Beantwortung dieser Fragen kann aber nur unter Heranziehung der Ergebnisse der Kostenträgerrechnung, also der Kalkulation der Geschäftssparte „Zahlungsverkehr" erfolgen, da nur in der eigentlichen Kostenträgerrechnung die Kosten und Erträge sich einwandfrei vergleichen lassen (vgl. Abschnitt IIb 3). Die Kostenstellenrechnung ist insoweit nur als Vorstufe der Kostenträgerrechnung anzusehen. Die ihr zuzuweisenden selbständigen Aufgaben liegen, wie betont, auf dem Gebiet der Leistungskontrolle und Leistungssteigerung.

Der Begriff, die Verteilung und die Erfassung der Kosten in den unter der Bezeichnung Postenkalkulationen durchgeführten Kostenstellenrechnungen entsprechen im wesentlichen den in den amtlichen Kostenrechnungsgrundsätzen und in den Richtlinien des Reichskuratoriums für Wirtschaftlichkeit gegebenen Hinweisen. Selbst in der äußeren Form des Nachweises der Kosten zeigt sich eine starke Ähnlichkeit mit dem vom Reichskuratorium für Wirtschaftlichkeit vorgesehenen Verfahren. Als Grundlage der Erfassung und Verteilung der Arbeitskosten dient ein besonderer Gehaltsabrechnungsbogen. Dieser Gehaltsabrechnungsbogen weist eine ähnliche Gliederung auf, wie der vom RKW vorgeschlagene Betriebsabrechnungsbogen (vgl. Anlage 6). In der Wagerechten ist der Gehaltsabrechnungsbogen gegliedert nach Kostenstellen, in der Senkrechten dagegen nach Kostenarten. Die Gliederung nach Kostenarten beschränkt sich allerdings auf den Nachweis der Gehälter, und zwar führt man jeden Angestellten einzeln auf. Dies hat zweifellos seinen Grund darin, daß der Hauptteil der Kosten sich aus Arbeitskosten zusammensetzt und daß gerade diese Kosten sich größtenteils direkt erfassen lassen. Die indirekt zu erfassenden Kosten treten demgegenüber zurück. So ergibt sich nach den von Fehrmann veröffentlichten Zahlen für die „Laufende Abteilung" und für das „Effektengeschäft" folgendes Verhältnis zwischen den direkt und indirekt erfaßten Kosten: direkt erfaßte Arbeitskosten rund 60%, Kosten für Hilfsabteilungen, für Sachkosten sowie für Pensionszahlungen je rund 10%, die restlichen 10% Kosten entfallen auf die Generalunkosten und Steuern. Für das Kreditgeschäft ist der Anteil für Steuern und Generalunkosten erheblich höher, aber auch hier ist der weitaus größte Teil der Kosten direkt erfaßbar. Für die Schlüsselung der indirekt zu erfassenden Kosten liegen in der Gehaltssumme oder gegebenenfalls in der Personalzahl eindeutige und klare Schlüssel vor. Die Erfassung und die Schlüsselung der Kosten dürften viel einfacher sein als in vielen Industrie- und Handelsbetrieben. Diese haben oft 200% und mehr der direkt erfaßbaren Kosten unter Verwendung verschiedenartiger Schlüssel aufzuteilen.

Eine Ergänzung und Ausgestaltung des Verfahrens käme nur in einigen unwesentlichen Punkten in Frage. So wäre daran zu denken, in der Postenkalkulation die Gehaltskosten und die verschiedenen Sachkosten, ähnlich wie dies in der eigentlichen Geschäftsspartenkalkulation geschieht (vgl. Anlage 5), gesondert auszuweisen, so daß die reinen Arbeitskosten jeweils klar herausgestellt werden. Dies würde den zwischenbetrieblichen Kostenstellen-(Leistungs-)vergleich erleichtern. Weiter wäre gegebenenfalls der Gehaltsabrechnungsbogen in Angleichung an das vom RKW vorgeschlagene Kostennachweisverfahren als Betriebsabrechnungsbogen auszugestalten, es wären also in ihm sämtliche Kosten der Kostenstellen nachzuweisen und aufzugliedern. In Betrieben mit starken Beschäftigungsschwankungen und wechselnden Personalstärken der einzelnen Kostenstellen könnte man ferner von der Einzelaufführung der Gehälter absehen. Es würde genügen, wenn die Arbeitskosten an Hand von Durchschnittsgehältern, die gegebenenfalls für jede Kostenstelle festzulegen wären, und an Hand des durchschnittlichen Personalbestandes der Kostenstellen ermittelt würden. Aus meiner Praxis ist mir sogar ein Fall bekannt, in dem die gesamten Kosten, also die Gehälter und die Sachkosten, pauschal auf die Angestelltenzahl umgelegt werden. Während des laufenden Jahres stellt man also nur den durchschnittlichen Personalbestand der einzelnen Kostenstellen fest, man führt also laufend nur eine Art Leistungsstatistik und stellt nur jährlich unter Zugrundelegung der durchschnittlichen Zahl der beschäftigten Angestellten und der durchschnittlichen Gesamtkosten je Gefolgschaftsmitglied die Kosten der einzelnen Kostenstellen und Geschäftssparten fest. Die Ergebnisse derartiger Pauschalrechnungen lassen sich allerdings nur schwer vergleichen. Im wesentlichen müßten sich etwaige Vergleiche auf den Personalaufwand der einzelnen Kostenstellen beschränken. Da aber in Bankbetrieben der größte Teil der laufenden Betriebskosten unmittelbar von dem jeweiligen Personalaufwand abhängig ist, und die wirtschaftstechnische Leistung des Betriebes sich daher auch zu einem guten Teil an dem jeweils erforderlichen Personalaufwand messen läßt, sind zweifellos auch diese Pauschalrechnungen von großem Wert. Immerhin sollte aber doch eine zu weitgehende summarische Erfassung des Personalaufwandes und eine zu starke Pauschalierung der Kosten vermieden werden, zumal, wie Rummel ausdrücklich betont, die Kalkulationen, also auch die in Form von Postenkalkulationen durchgeführten Kostenstellenrechnungen, nur einen geringen Arbeitsaufwand verursachen. Sie lassen sich ohne allzugroße Mühe in allen Kreditunternehmen durchführen. Ob sich allerdings ihre regelmäßige Durchführung auch für kleinere Betriebe lohnen wird, kann nur die Praxis zeigen. Eine weitgehende Anwendung ist aber auf jeden Fall anzustreben. Sie erziehen den Betrieb zum kostenmäßigen Denken und schon allein dadurch sind sie von besonderem Wert. Darüber hinaus werden aber auch gerade durch sie die Grundlagen für die Durchführung einwandfreier zwischenbetrieblicher Leistungsvergleiche geschaffen.

3. Die Kostenträgerrechnung.

Die Kostenträgerrechnung dient der ertragswirtschaftlichen Überwachung des Betriebes. Sie verrechnet die Kosten gleichfalls auf Leistungseinheiten oder auch auf Leistungsgruppen. Die Auswahl dieser Leistungseinheiten oder Leistungsgruppen hat nach ertragswirtschaftlichen Gesichtspunkten zu erfolgen (vgl. Abschnitt II a 2). Da in der Industrie und im Handel durchweg Leistungen für den Verkauf hergestellt werden bzw. erfolgen, ist hier der Begriff Leistung und der Zweck der Kostenträgerrechnung ohne weiteres klar. In Bankbetrieben liegt der Gegenstand der Kostenträgerrechnung dagegen keineswegs eindeutig fest. Leistungseinheiten im Sinne der Kostenträgerrechnung gibt es in Bankbetrieben nicht. Der Gedanke, sämtliche Kosten und Erträge auf die einzelnen Geschäftsabschlüsse und Dienstleistungen oder auch auf die Konten der einzelnen Kunden umzulegen, ist praktisch nicht durchführbar. Auch die Abteilungen sind keine geeigneten Kalkulationsobjekte (vgl. Abschnitt I a 1). Man hielt daher lange Zeit die Durchführung von Kalkulationen in Bankbetrieben nicht für möglich und, da man eine sehr feingegliederte Kostenartenrechnung hatte, auch nicht für erforderlich. Zum Teil wird diese Ansicht auch heute noch vertreten. Erst die klare Herausstellung der Geschäftssparten als Kalkulationsobjekte bereitete hier einen Wandel vor. Die drei Geschäftssparten Kreditgeschäft, Zahlungsverkehr und Effektengeschäft stellen ausgesprochene ertragsorientierte Leistungsgruppen dar. Die beiden Grundbedingungen der Kostenträgerrechnung, das Vorhandensein eindeutiger, ertragsorientierter Leistungen oder Leistungsgruppen und die Verteilung des gesamten Aufwandes auf diese Leistungsgruppen werden durch die Geschäftsspartenkalkulation erfüllt. Der gesamte Aufwand wird auf die Sparten umgelegt und dem Aufwand kann unmittelbar der Ertrag gegenüber gestellt werden. Die Kalkulation erfolgt allerdings nur für Leistungsgruppen. Diese Leistungsgruppenrechnung wird aber im Sinne der Kostenrechnungsgrundsätze durch eine genaue Kostenermittlung für Teilleistungen bzw. durch Teilkalkulationen ergänzt, nämlich durch die Postenkalkulation, durch die Kontenkalkulation und durch die Gegenüberstellung der Zinskosten und Zinserträge (unkompensierte Bilanz). Dadurch können die Ergebnisse der Kostenträgerrechnung in weitem Umfange für die Überprüfung der Ertragsquellen der einzelnen Geschäftszweige herangezogen werden. In der Kontenkalkulation werden sie sogar unmittelbar als Grundlage für die Berechnung der Abschlußgebühren verwandt. Für die Durchführung regelmäßiger Vorkalkulationen und Preiskalkulationen, wie sie besonders in der Industrie üblich sind, kommen die Ergebnisse der Kostenträgerrechnung dagegen nicht in Frage. Diese sind in Bankbetrieben überhaupt nicht möglich, da sie immer eindeutige Leistungseinheiten voraussetzen. Man kann höchstens überschläglich die ertragswirtschaftliche Auswirkung einzelner Geschäfte feststellen. Hingegen wäre daran zu denken, auf Grund der Ergebnisse der Kostenträgerrechnung eine systematische Plankostenrechnung (Kostenvorschaurechnung) aufzubauen. Der Aufbau der Plankostenrechnung setzt aber voraus, daß zunächst über die Gestaltung der eigentlichen Kostenrechnung völlige Klarheit besteht.

Die Grundgedanken der Geschäftsspartenkalkulation dürften heute allgemein als richtig anerkannt werden. Eine Übereinstimmung in den Einzelfragen ist aber noch keineswegs erfolgt. Die der Kritik unterliegenden Punkte sind ausführlich von Seeliger und von Ulbricht in der Zeitschrift Zahlungsverkehr und Bankbetrieb, Jahrgang 16, Heft 5 u. 6, erörtert. Es seien hier nur die Hauptfragen kurz angedeutet. In erster Linie handelt es sich um die Höhe des der Sparte Zahlungsverkehr als Arbeitsentschädigung zuzubilligenden Zinszuschlages. Die Deutsche Bank rechnet nach Rummel mit einem Zuschlag von ½% auf die provisionspflichtigen und von 1% auf die provisionsfreien kurzen Gelder. Der Einstandspreis der kurzen Gelder beträgt somit 2%. Es wurde und wird möglicherweise auch heute noch vereinzelt die Ansicht vertreten, daß der Einstandspreis auf 2½ oder 3% zu erhöhen sei. Der ungedeckte Kostenrest im Zahlungsverkehr (vgl. Anlage 5) würde sich dadurch wesentlich vermindern. Weiter wird empfohlen, einen Teil der Wertstellungsgewinne und der Rediskontgewinne der Sparte Zahlungsverkehr gutzubringen. Andererseits wird die Umsatzprovision nicht als reine Arbeitsentschädigung anerkannt, und es wird vorgeschlagen, diese den Einnahmen im Kreditgeschäft zuzurechnen. Es müßten dann natürlich auch die Arbeitskosten für die Führung der betreffenden Konten dem Kreditgeschäft belastet werden. Wie man sieht, handelt es sich hier durchweg um die Zurechnung und Verteilung der Erträge und nicht um eigentliche Kostenfragen. Für den Aufbau der Kostenrechnung sind diese Fragen daher auch von nicht allzu großer Bedeutung. Das Einzelinstitut dürfte über die Auswirkung der erwähnten Faktoren in der eigenen Betriebsrechnung ausreichend unterrichtet sein, und für zwischenbetriebliche Vergleiche kommt die Ertragsseite der Kostenträgerrechnung im Gegensatz zur Kostenseite nur sehr beschränkt in Frage. Man kann höchstens daran denken, auf Grund der Ergebnisse der Kostenträgerrechnung eine allgemein wirtschaftliche Überprüfung der Ertragsgrundlagen der Kreditunternehmen vorzunehmen (vgl. hierüber Abschnitt III c).

Von entscheidender Bedeutung ist dagegen die weiter aufgeworfene Frage der Anwendung der Spartengliederung auf sonstige Kreditinstitute, und zwar besonders auf die Sparkassen. Hier ist festzustellen, daß die Dreispartengliederung sowie der Aufbau der Spartenkalkulation in erster Linie auf die Erfordernisse der reinen Kreditbanken bzw. der Kreditunternehmen, die vorwiegend das kurzfristige Einlagegeschäft und Anlagegeschäft pflegen, zugeschnitten ist. Die Kreditunternehmen, die in erheblichem Umfange langfristige Gelder hereinnehmen und langfristige Darlehen geben, werden nicht umhin kommen, bei der Spartenkalkulation das langfristige Geschäft besonders zu berücksichtigen. Wird neben dem langfristigen Geschäft auch das kurzfristige Geschäft betrieben, wie z. B. von einem großen Teil der Sparkassen, so kann natürlich für dieses kurzfristige Geschäft die Spartenkalkulation in der angegebenen Form durchgeführt werden. Daneben wäre dann für das langfristige Geschäft eine Sondersparte zu bilden. Andererseits wäre aber auch in Erwägung zu ziehen, bei der Spartengliederung grundsätzlich zwischen Geld- bzw. Kapitalbeschaffung und -anlage zu trennen und bei sämtlichen Kreditinstituten die beiden Hauptsparten „Einlagegeschäft" und „Anlagegeschäft" zu bilden. Die Sparte „Effektengeschäft" müßte daneben natürlich für die Kreditinstitute, die das Effektengeschäft betreiben, bestehen bleiben. Dieser Gedanke der Trennung des Einlagegeschäfts von dem Anlagegeschäft ist im Grunde genommen auch in der von Rummel entwickelten Geschäftsspartenkalkulation verwirklicht. In der Geschäftssparte „Laufende Abteilung (Zahlungsverkehr)" werden grundsätzlich sämtliche Kosten und Erträge des Einlagegeschäfts ausgewiesen. Zusätzlich werden allerdings auch die durch das Kreditgeschäft sowie durch das Effekten- und das Wechselgeschäft entstehenden Kosten des Zahlungs- und Buchungsverkehrs zunächst in der Geschäftssparte „Laufende Abteilung" erfaßt. Diese Kosten werden aber nachträglich wieder ausgesondert. Sie sind verhältnismäßig gering. Auch ist die gewählte Form der Erfassung und Aussonderung weit einfacher als eine direkte Erfassung in den Geschäftssparten „Kreditgeschäft" und „Effektengeschäft". Es empfiehlt sich daher, das Verfahren beizubehalten. Zu überlegen wäre aber, die Sparte „Laufende Abteilung (Zahlungsverkehr)" als „Einlagegeschäft und Zahlungsverkehr" zu bezeichnen. Gleichzeitig könnte die Sparte „Kreditgeschäft" zu der Sparte „Kredit- und Anlagegeschäft" erweitert werden. Die Aufgliederung beider Sparten erfolgt durch die unkompensierte Bilanz. Schon durch die äußere Bezeichnung würde sich dann deutlich ergeben, daß diese Gliederung für sämtliche Kreditunternehmen anwendbar ist. Soweit die Kreditunternehmen in besonderem Umfange das langfristige Geschäft betreiben, könnte dieses Geschäft als Untersparte erfaßt werden. Rummel weist ausdrücklich darauf hin, daß die Kalkulation der Untersparten durchaus möglich ist. So ist auch den erwähnten Veröffentlichungen von Rummel eine Aufstellung über die Schichtung der Kostenelemente im Kontokorrentkreditgeschäft beigefügt. Regelmäßige Kalkulationen der Untersparten des Einlage- und des Anlagegeschäftes werden allerdings, wie erwähnt, bei der Deutschen Bank nicht durchgeführt. Sie verursachen anscheinend einen zu großen Arbeitsaufwand. Auch gibt die unkompensierte Bilanz einen ausreichenden Überblick über die Ertragslage der einzelnen Aktiv- und Passivposten.

In welcher Form man aber auch immer die Kostenträgerrechnung ausbauen wird, an dem Grundgedanken der Spartengliederung wird man auf jeden Fall festhalten müssen. Die eigentlichen Probleme der Kostenträgerrechnung werden durch die Spartenkalkulation gelöst. Es wird durch sie eine weitgehende Aufgliederung der Kosten und Erträge nach ertragswirtschaftlichen Gesichtspunkten und damit eine einwandfreie ertragswirtschaftliche Überwachung des Betriebes ermöglicht. Die Kostenträgerrechnung bildet so die Grundlage für eine nach Ertragsquellen aufgegliederte kurzfristige Erfolgsrechnung. Hinsichtlich der Zurechnung einiger Ertragsposten sowie hinsichtlich der Aufteilung der sich zwischen den hereingenommenen und herausgelegten Geldern ergebenden Zinsspanne können sich allerdings Zweifel ergeben. Diese Zweifel werden sich jedoch nie restlos beseitigen lassen, da man bei der Aufteilung der fraglichen Ertragsposten und insbesondere auch bei der Aufteilung der Zinsspanne immer auf Schätzungen angewiesen sein wird, zumal sich nur schwer bestimmen läßt, welche einzelnen Aktiven jeweils den Passiven gegenüberstehen. Findet man sich mit diesen Tatsachen ab, und berücksichtigt man weiter, daß die ertragswirtschaftliche Auswertung der Kostenträgerrechnung in erster Linie bei dem eigenen Betrieb liegt, so dürfte man allgemein zu dem Schluß kommen, daß eine einheitliche Gestaltung der Kostenträgerrechnung ebenso wie die einheitliche Gestaltung der Kostenarten- und Kostenstellenrechnung durchaus möglich ist. Aber auch bei der Kostenträgerrechnung wird man den Eigenarten der verschiedenartigen Kreditunternehmungen Rechnung tragen müssen (vgl. hierüber auch den nächsten Abschnitt).

c) Die Anwendungs- und Durchführungsmöglichkeiten.

Die vorstehenden Abschnitte handelten im wesentlichen von den Grundlagen der Kostenrechnung. Die Ausführungen dürften ergeben haben, daß die in der Praxis in der Form der Geschäftsspartenkalkulation durchgeführten Kostenrechnungen einen weitgehenden Einblick in das Kostengefüge und in die Ertragsgrundlagen der Kreditinstitute ermöglichen und jedenfalls in den Grundzügen den zu stellenden Anforderungen in hohem Maße genügen. Gleichzeitig zeigen sie eine fast völlige Übereinstimmung mit den von dem Reichskuratorium für Wirtschaftlichkeit vertretenen sowie mit den amtlich verlautbarten Kostenrechnungsgrundsätzen. Sie bilden damit eine sichere Grundlage für einen einheitlichen Aufbau der Kostenrechnungen. Anschließend soll versucht werden klarzulegen, in welchem Umfange eine solche einheitliche Gestaltung und Durchführung von Kostenrechnungen möglich und wünschenswert ist. Dazu ist es erforderlich, vorweg einen kurzen Überblick über die Gliederung, den Aufgabenkreis und das Kostengefüge der Kreditinstitute zugeben.

1. Gliederung, Aufgabenkreis und Kostengefüge der Kreditinstitute.

Läßt man einige Spezialinstitute unberücksichtigt, so lassen sich vier große Gruppen von Kreditinstituten unterscheiden, nämlich die Kreditbanken, die Sparkassen, die Kreditgenossenschaften und die Pfandbriefbanken. Das Statistische Jahrbuch für das Deutsche Reich gibt die Zahl der gewerblichen Niederlassungen (örtliche Betriebseinheiten) und die Zahl der beschäftigten Personen dieser vier Gruppen für das Jahr 1933 (neuere Zahlen liegen nicht vor) wie folgt an:

Kreditbanken	4844 Niederl.	mit	79547	Erwerbstätigen
Sparkassen	4789 Niederl.	mit	38146	Erwerbstätigen
Kreditgenossenschaften	8175 Niederl.	mit	25533	Erwerbstätigen
Pfandbriefbanken . .	356 Niederl.	mit	10555	Erwerbstätigen

Über die Größe der örtlichen Betriebseinheiten fehlen einwandfreie Zahlen. Man muß sich damit begnügen, einen allgemeinen Überblick zu gewinnen. Geht man rein schematisch von den im Statistischen Jahrbuch veröffentlichten Zahlen aus, so ergeben sich für die Betriebseinheit folgende Personenzahlen: Für die Kreditbanken rund 16, für die Sparkassen rund 8, für die Kreditgenossenschaften rund 3 und für die Pfandbriefbanken rund 30. Diese Zahlen dürften aber nur die Relation zwischen den Betrieben der einzelnen Bankengruppen einigermaßen richtig wiederspiegeln. Über die Unterschiede innerhalb der einzelnen Gruppen selbst sagen sie nichts aus. Viele Betriebe haben weniger als 5 oder als 10 Angestellte. In den großen Spitzeninstituten arbeiten dagegen sehr oft mehr als 500 oder 1000 Angestellte. Daneben gibt es zahlreiche Mittelbetriebe. Jedenfalls ist festzustellen, daß die Betriebsgröße außerordentlich schwankt. Gerade die Zahl der kleinen Betriebe darf nicht unterschätzt werden. So führte Eisfeld in einem Vortrag auf dem 4. Betriebswirtschaftertag 1939 aus, daß 500 Gemeindesparkassen weniger als 5 Personen, 750 Gemeindesparkassen zwischen 5 und 10 Personen und ¾ sämtlicher Privatbankiers weniger als 3 Personen beschäftigen. Auch bei den Depositenkassen und den Unterfilialen der Aktienbanken sind im allgemeinen nur einige wenige Personen tätig. Die Landwirtschaftlichen Kreditgenossenschaften werden in vielen Fällen ehrenamtlich verwaltet oder sie sind einem anderen Betriebe angeschlossen, so daß sie als selbständige Betriebseinheiten überhaupt nicht zählen. Diese Unterschiede in der Betriebsgröße müssen natürlich bei dem Aufbau und der Durchführung von Kostenrechnungen berücksichtigt werden.

Nicht weniger groß als die Unterschiede in der Betriebsgröße sind die Unterschiede in dem Aufgabenkreis der Kreditinstitute. Sowohl zwischen den Unternehmen der verschiedenen Gruppen als auch zwischen den Unternehmen ein und derselben Gruppe zeigen sich starke Abweichungen. Dies ist teils durch die Pflege unterschiedlicher Geschäftszweige, teils aber auch durch die unterschiedliche Zusammensetzung des Kundenkreises bedingt. Eine Pfandbriefbank läßt sich z. B. kaum mit einer reinen Kreditbank vergleichen. Der Aufgabenkreis beider ist grundverschieden, und sie zeigen demgemäß auch einen ganz ungleichartigen organisatorischen Aufbau. Ähnliches gilt auch für das Verhältnis der Kreditbanken zu den Sparkassen und den Genossenschaftsbanken. Die Abweichungen sind bei diesen allerdings nicht so stark, da viele von ihnen, und zwar besonders die Genossenschaftsbanken, auch in erheblichem Umfange das reguläre Bankgeschäft pflegen, während andererseits auch die meisten Kreditbanken in starkem Ausmaße Spargelder ansammeln und verwalten. Dies führt zwangsläufig zu einer gewissen Angleichung in den Betriebsformen. Diese Angleichung beschränkt sich aber durchweg auf Teilgebiete. In der Gesamtorganisation ergeben sie infolge der unterschiedlichen Bedeutung der einzelnen Sparten sowie besonders auch infolge der ungleichartigen Zusammensetzung des Kundenkreises grundlegende Unterschiede. Der Kundenkreis der Sparkassen und Genossenschaftsbanken setzt sich in der Hauptsache aus Privatkunden und Kleingewerbetreibenden zusammen, während die Kreditbanken besonders die Industrie- und Handelsfirmen zu ihrer Kundschaft zählen. Der Bankverkehr dieser beiden Kundenkreise weicht aber sehr stark voneinander ab. Selbst innerhalb der Kundenkreise und der Geschäfte der einzelnen Kreditbanken sind derartige Unterschiede festzustellen. Erinnert sei nur an die unterschiedlichen Formen des Kreditbedarfs der verschiedenen Kunden (Barkredite, Wechselkredite, Warenkredite, Lombardkredite usw.). Die unterschiedliche Zusammensetzung des Kundenkreises und die unterschiedliche Bedeutung der einzelnen Geschäftssparten wirken sich naturgemäß auch stark auf den Zahlungsverkehr, aus. Der Umfang und die Art (Inlandsverkehr, Auslandsverkehr, Scheckverkehr, Überweisungsverkehr usw.) zeigen von Gruppe zu Gruppe und von Institut zu Institut starke Schwankungen. Schließlich ist auch auf die unterschiedliche Bedeutung des Effektengeschäftes hinzuweisen. Während bei einzelnen Betrieben das Effektengeschäft kaum ins Gewicht fällt, spielt es wiederum bei anderen eine ausschlaggebende Rolle.

So unterschiedlich aber auch die Tätigkeitsbereiche der einzelnen Kreditunternehmen sind, so zeigen sie doch in ihrem Kostengefüge eine große Ähnlichkeit. Die Kosten lassen sich in die folgenden 3 großen Gruppen einteilen: 1. Geld- und Kapitalbeschaffungskosten einschließlich der Kosten für die Zahlungsbereitschaft (Liquidität), 2. Steuern und Umlagen und 3. laufende Betriebskosten. Die relative Höhe der Geld- und Kapitalbeschaffungskosten hat innerhalb der einzelnen Gruppen durch die Festlegung der Habenzinssätze eine starke Angleichung erfahren. Ihre Höhe ist im wesentlichen nur abhängig von der Gliederung der Passiven (kurzfristige und langfristige Einlagen, Spargelder, Anleihen, Eigenkapital) sowie von der Art der unterhaltenen Liquiditätsreserven. Eine unmittelbare Einflußnahme auf die Höhe der Steuern und Umlagen ist überhaupt nicht möglich. Zu erinnern ist jedoch an die steuerlichen Vergünstigungen einiger öffentlich rechtlicher Kreditinstitute sowie der gemeinnützigen Kreditunternehmen. Die für unsere Untersuchungen wichtigste Kostengruppe bilden die laufenden Betriebskosten. Da sämtliche Kreditunternehmen arbeitsintensive Betriebe sind, wird die Höhe der laufenden Betriebskosten ganz überwiegend durch die Höhe des zu zahlenden Arbeitsentgeltes, also durch die Personalkosten bestimmt. Raum-, Material- sowie auch Maschinenkosten treten gegenüber den Personalkosten stark zurück. Im allgemeinen kann man schätzen, daß 2/3 bis 3/4 aller laufenden Betriebskosten durch Personalaufwendungen bedingt sind, und zwar einerlei, ob es sich um reine Kreditbanken, Sparkassen, Genossenschaftsbanken oder Hypothekenbanken handelt. Bei den Berliner Filial-Großbanken betragen die Personalkosten sogar rund 80% der laufenden Betriebskosten. Von den restlichen 20% entfällt wahrscheinlich noch ein erheblicher Teil auf Umlagen und Sonderkosten, sodaß die reinen Sachkosten nur 10—15% betragen. In den ausgewiesenen Zahlen dürften jedoch nicht oder nur zum Teil berücksichtigt sein die Zins- und Abschreibungsquoten auf das in den Bankgebäuden und in dem Inventar investierte Kapital.

Zuverlässige Hinweise über die Aufgliederung der Kosten und über die Verteilung der Kosten auf die einzelnen Geschäftssparten liegen nur für die Kreditbanken durch die Untersuchungen von Rummel vor. Wie aus diesen Untersuchungen hervorgeht, ist die Höhe der laufenden Betriebskosten ganz wesentlich durch die Aufwendungen im Zahlungsverkehr bedingt. In dem von Rummel angegebenen Beispiel, bei dem es sich allerdings um einen beliebig herausgegriffenen Betrieb handelt, entfallen auf den Zahlungsverkehr rund 60%, auf das Effektengeschäft rund 10% und auf das Kreditgeschäft rund 30% der gesamten Kosten mit Ausnahme der Steuern und Generalunkosten. Das Verhältnis stellt sich auf rund 51% zu 11% zu 38%, sofern man die von der laufenden Abteilung für das Kreditgeschäft und für das Effektengeschäft geleisteten Arbeiten berücksichtigt. Auffallend ist der geringe Kostenanteil, den Rummel für die Hereinnahme der langfristigen Gelder angibt. Diese betragen nur etwa 3% der Kosten der laufenden Abteilung, obgleich der Anteil der befristeten Gelder einschließlich der Spareinlagen sich auf rund 50% der gesamten Kreditoren beläuft. Eine ähnliche Gliederung der Kosten dürfte für die Mehrzahl der regulären Kreditbanken zutreffen, wenn auch in Einzelfällen starke Abweichungen auftreten werden, so dürften z. B. die Kosten des Zahlungsverkehrs bei den filiallosen Banken erheblich geringer sein als bei den Zentralstellen der Filialbanken. Für die sonstigen Bankengruppen sind derartig weitgehende Untersuchungen, wie Rummel sie durchgeführt hat, nicht veröffentlicht worden. Man ist hier auf Schätzungen angewiesen. Bei den Sparkassen wird der Hauptteil der Kosten auf die Ansammlung der Spareinlagen und auf das langfristige Anlagegeschäft entfallen; die Kosten des kurzfristigen Kreditgeschäfts, des Zahlungsverkehrs und des Effekten-Verkehrs treten demgegenüber zurück. Die Genossenschaftsbanken nehmen bezüglich der Kostengliederung wahrscheinlich eine Zwischenstellung zwischen den Kreditbanken und Sparkassen ein. Die Kostenstruktur der Zentralinstitute der Genossenschaften und der Sparkassen dürfte der der Kreditbanken im wesentlichen ähneln, wahrscheinlich ist aber der Kostenanteil des Zahlungsverkehrs noch höher als bei den Kreditbanken. Bei den Hypothekenbanken wird der Hauptteil der Kosten auf die Hingabe und die Verwaltung der Hypothekendarlehen entfallen. Eine zuverlässige Klärung aller dieser Fragen würde erst die allgemeine Durchführung von Kostenrechnungen bringen. Grundsätzlich kann aber festgestellt werden, daß der weitaus größte Teil der laufenden Betriebskosten auf Personalkosten entfällt. Die Personalkosten und zum Teil auch die sonstigen Kosten sind, wie in dem Abschnitt III b noch näher ausgeführt wird, weitgehend abhängig von der Zahl der zu bearbeitenden Geschäftsvorfälle. Dadurch besteht die

Möglichkeit, den wirtschaftlichen Aufbau der Betriebsorganisation und die kostensparende Erledigung der einzelnen Arbeiten in großem Umfange an der Kostenhöhe der Einzelleistungen zu messen und zu vergleichen.

2. Die sich ergebenden Bedingungen für eine erweiterte einheitliche Durchführung der Kostenrechnungen.

Vergleicht man die Gliederung, den Tätigkeitsbereich und das Kostengefüge der verschiedenen Kreditunternehmen, so zeigen sich zwar in einzelnen Punkten starke Abweichungen. Vor allem ist der Aufgabenkreis nicht einheitlich. In den für die Kostenrechnung wesentlichen Grundzügen ergibt sich aber doch eine große Ähnlichkeit. Allen Kreditunternehmen ist eigentümlich, daß sie Einzelleistungen im Sinne der Kostenträgerrechnung nicht aufweisen. Die Kostenträgerrechnung ist daher stets in Form von Leistungsgruppenrechnungen, also in Form der Geschäftsspartenkalkulation durchzuführen. In der Kostenstellenrechnung können dagegen bei sämtlichen Kreditunternehmen die Kosten in weitem Umfange auf Einzelleistungen umgelegt und dadurch der wirtschaftliche Kostenverzehr bis ins einzelne überwacht werden. Die Beschränkung der kostenmäßigen Erfassung der Einzelleistungen auf die Kostenstellenrechnung besagt, daß eigentliche Preiskalkulationen in Bankbetrieben nicht möglich sind. Preiskalkulationen kommen auch schon aus dem Grunde kaum in Frage, da die Banken weitgehend mit gebundenen Preisen zu rechnen haben. Auch sind die Geschäfte der Mehrzahl der Kunden so mannigfaltig und so miteinander verflochten, daß es abwegig erscheint, für jeden einzelnen Geschäftsvorfall Stückkosten feststellen und in Rechnung stellen zu wollen. Es ist vielmehr darauf zu sehen, daß der Gesamtverkehr mit dem Kunden sich rentabel gestaltet. Hierin unterscheiden sich die Bankbetriebe grundsätzlich von den Industrie-, Handels- und Gewerbebetrieben. In diesen dienen die Ergebnisse der Kostenträgerrechnung auch in großem Ausmaße der Festsetzung der Preise. In Bankbetrieben kann dagegen die Kalkulation außer zu einer arbeitstechnischen im wesentlichen nur zu einer allgemein ertragswirtschaftlichen Überwachung des Betriebes herangezogen werden. Nur bei der Kontenkalkulation besteht in gewissem Umfange die Möglichkeit, die festgestellten Kosten zur Grundlage der zu berechnenden Abschlußgebühren zu machen. Den außerordentlichen Wert, den die Kalkulation aber gerade für die Klarlegung der Ertragsgrundlagen und für die Überprüfung der Betriebsorganisation hat, dürften durch die Untersuchungen von Rummel überzeugend dargelegt worden sein (vgl. Abschnitt Ie). Der Einzelbetrieb vermag allerdings zunächst nur die Ergebnisse der reinen Geschäftsspartenkalkulation und der unkompensierten Bilanz auszuwerten. Bei der Auswertung der Postenkalkulation (Kostenstellenrechnung) ist er zu einem erheblichen Teil auf einen Vergleich mit anderen Betrieben angewiesen. Den Filialbanken und den Sparkassenorganisationen stehen in ihren Filialen und in den angeschlossenen Sparkassen Vergleichsbetriebe in größerer Zahl zur Verfügung. Immerhin wäre es aber auch für sie erwünscht, ihre Kalkulationsergebnisse mit anderen, ähnlichen Betrieben zu vergleichen. Erst recht ist dies bei den Unternehmen der Fall, denen zunächst überhaupt keine Zahlen anderer Betriebe zugänglich sind. Die Schaffung derartiger

Vergleichsmöglichkeiten und die erweiterte Auswertung der Kalkulationsergebnisse verlangt geradezu eine allgemeine Durchführung von Kostenrechnungen und damit gleichzeitig eine einheitliche Gestaltung des Rechnungswesens.

Die Vereinheitlichung würde am besten in ähnlicher Form vorbereitet, wie dies für die Reichsgruppen Industrie, Handel und Handwerk geschehen ist. Wie bekannt, sind für diese Gruppen zur Durchführung der Vereinheitlichung vom Reichs- und Preußischen Wirtschaftsminister und vom Reichskommissar für die Preisbildung mit Erlaß vom 11. 11. 1937 „Richtlinien zur Organisation der Buchführung" und mit Erlaß vom 16. 1. 1939 „Allgemeine Grundsätze der Kostenrechnung" herausgegeben. Diese Richtlinien und Grundsätze bilden die Grundlage für die Vereinheitlichung des Rechnungswesens innerhalb der Gruppen der Organisation der gewerblichen Wirtschaft. Die Gruppen haben dieselben den von ihnen auszuarbeitenden Richtlinien zu Grunde zu legen. Welche Bedeutung der Vereinheitlichung des Rechnungswesens beizumessen ist, geht aus folgendem Hinweis in dem Erlaß vom 11. Nov. 1937 hervor: „Die Gesamtwirtschaft, insbesondere die Ziele des Vierjahresplanes, verlangen, daß das Rechnungswesen aller Unternehmungen nach einheitlichen Grundsätzen gestaltet wird. Die einheitliche Entwicklung des Rechnungswesens muß durch Gemeinschaftsarbeit aller Unternehmer erfolgen. Gegenseitiger systematisch geleiteter Erfahrungsaustausch, insbesondere in der Form betriebsvergleichender Untersuchungen, ist u. a. Mittel zur Erreichung dieses Zweckes", und im Erlaß vom 16. Jan. 1939 heißt es: „Ein gut ausgebautes Rechnungswesen ist die Grundlage für die Förderung der Wirtschaftlichkeit und damit für die Leistungssteigerung der Deutschen Wirtschaft".

Die einheitliche Gliederung der Hauptbuchkonten und damit auch der Aufwandskonten ist durch die Bilanzierungsvorschriften sowie durch die von der Reichsbank vorgeschriebenen Bilanzschemata weitgehend vorbereitet. Da zudem den Buchführungsfragen von jeher in Bankbetrieben die größte Aufmerksamkeit geschenkt und größtes Gewicht auf eine systematische Verbuchung sämtlicher Geschäftsvorfälle gelegt wurde, und weiter die Gliederung und der Aufbau der Buchführung bei den einzelnen Betrieben weitgehend übereinstimmen, dürfte die Aufstellung und Durchführung einheitlicher Buchführungsrichtlinien sich ohne allzu große Mühe bewerkstelligen lassen. An ihrer Aufstellung soll übrigens von den maßgebenden Stellen bereits gearbeitet werden. Schwieriger wird sich jedoch die Aufstellung und Durchführung von Kostenrechnungs-Richtlinien gestalten, da bislang nur in wenigen Betrieben Kostenrechnungen vorgenommen werden. Die bisherigen Ausführungen haben aber gezeigt, daß eine einheitliche Gestaltung der Kostenrechnungen in Bankbetrieben durchaus möglich ist. Die Gliederung und der Aufbau der in der Praxis durchgeführten Kostenrechnungen entsprechen in ihren Grundzügen den amtlichen Kostenrechnungsgrundsätzen. Die entwickelten Methoden lassen sich mit geringen Abweichungen bei sämtlichen Betrieben durchführen. Nur über die Abgrenzung der Kostenstellen und über die Festlegung der einzelnen Geschäftssparten können Unklarheiten bestehen. Es darf aber erwartet werden, daß diese Unklarheiten durch gemeinsame Beratung innerhalb der Wirtschafts- und Fachgruppen durchaus geklärt werden können, und daß man auch im Kreditwesen zu einer einheitlichen Gestaltung der Kostenrechnungen gelangt.

In welchem Umfange allerdings die praktische Durchführung von Kostenrechnungen sich empfiehlt, ist noch besonders zu klären. Die durch die Kalkulation zu gewinnenden Erkenntnisse und die sich daraus ergebenden Verbesserungsmöglichkeiten müssen zu den entstehenden Kosten in einem richtigen Verhältnis stehen. Die Kosten sind zwar, wie Rummel betont, bei sachgemäßer Durchführung der Kalkulation nicht erheblich. Die Deutsche Bank läßt daher auch, wie bereits erwähnt, bei den kleineren Niederlassungen Kalkulationen vornehmen. Immerhin dürfte aber doch, sofern die Betriebe eine sehr geringe Betriebsgröße und dazu eine einfache Geschäftsstruktur aufweisen, die zusätzliche Arbeitsbelastung den zu erzielenden Nutzen übersteigen, da in diesen Fällen die Betriebe auch ohne die Kalkulation einen hinreichend genauen Überblick über ihr Geschäft und über die wirtschaftliche Erledigung der einzelnen Arbeiten haben. Außer durch die Betriebsgröße werden sich aber auch vor allem durch den unterschiedlichen Geschäftsaufbau eine ganze Reihe von Zweifelsfragen ergeben. Am besten würde deren Lösung durch praktische Versuche erfolgen. Es dürfte sich daher empfehlen, zunächst einzelne Betriebsgruppen zu Kalkulationsgemeinschaften zusammenzufassen. Diese hätten in gemeinsamer Arbeit die sich hinsichtlich der Durchführung und Auswertung von Kostenrechnungen im Kreditwesen ergebenden Bedingungen klarzulegen, und sie hätten so die Grundlagen für eine erweiterte Durchführung von Kostenrechnungen sowie möglichst auch von Kostenvergleichen zu schaffen. Auf Grund der von den Kalkulationsgemeinschaften geleisteten Vorarbeiten könnten dann gegebenenfalls die Wirtschafts- und Fachgruppen oder die sonst zu bestimmenden maßgebenden Stellen, ähnlich wie dies für die Industrie-, Handels- und Gewerbebetriebe erfolgt ist, die erforderlichen Richtlinien und Grundsätze aufstellen (vgl. hierzu auch Abschnitt IIId).

III. Die Auswertung der Kostenrechnungen durch zwischenbetriebliche Kostenvergleiche.

Der Zweck des zwischenbetrieblichen Kostenvergleiches ist, die Kenntnisse über die Betriebsbedingungen zu erweitern und insbesondere die Wirtschaftlichkeit des Betriebes zu überprüfen. Durch die Vergleiche soll einmal der normale Kostenanfall innerhalb der Betriebe festumrissener Betriebsgruppen ermittelt und so festgestellt werden, ob die Kosten in einem gesunden Verhältnis zu den Ertragsgrundlagen stehen; daneben sollen die Vergleiche aber vor allem zeigen, ob der eigene Betrieb im Verhältnis zu anderen Betrieben günstig oder ungünstig arbeitet. Es sollen durch sie versteckte Verlustquellen aufgedeckt und die Voraussetzungen für die Durchführung kostensparender Arbeitsmethoden geschaffen werden. Welche Bedeutung dem zwischenbetrieblichen Kostenvergleich gerade für die Verbesserung der Betriebsorganisation beizumessen ist, ersieht man aus folgendem Hinweis in dem Vorwort zu dem vom Reichskuratorium für Wirtschaftlichkeit herausgegebenen Kontenrahmen: „Der Fortschritt, der durch Einführung von Betriebsvergleichen in Bezug auf die Rationalisierung gemacht wird, kann kaum überschätzt werden. Er hat sich bei Fusionen als einer der größten Vorteile herausgestellt, die mit der Fusion erzielt worden sind. Er erklärt die große Überlegenheit vieler Filialbetriebe." Durch innerbetriebliche Vergleiche können diese Vorteile nur unvollkommen erreicht werden. Zwar kann der einzelne Betrieb durch ständige Beobachtung der Kosten einen weitgehenden Einblick in das Kostengefüge und in die Entwicklung der Kosten gewinnen. Kosten und Leistungen werden aber von dem Einzelbetrieb nur zu leicht unrichtig beurteilt, und es besteht daher nach Schmalenbach beim innerbetrieblichen Vergleich immer die Gefahr, daß Fehlergebnisse mit Fehlergebnissen und Unwirtschaftlichkeit mit Unwirtschaftlichkeit verglichen werden. Diese Gefahr ist bei zwischenbetrieblichen Vergleichen weitgehend ausgeschaltet. Es erscheint daher wünschenswert, die Durchführungsmöglichkeiten von zwischenbetrieblichen Kostenvergleichen im Kreditwesen besonders zu prüfen, zumal gerade im Kreditwesen die Klarlegung der Betriebsbedingungen und die Überwachung der Betriebsgebarung die vornehmsten Ziele der Kostenrechnung sind.

a) Vergleiche auf Grund der Kostenartenrechnung.

Vergleiche auf Grund der Kostenartenrechnung sind dem Aufbau nach die einfachsten, in der Durchführung und Auswertung jedoch mit die schwierigsten Vergleiche. Die einzelnen Kostenarten werden zu typischen, allen Betrieben gemeinsamen Meßzahlen, z. B. zu der Bilanzsumme, zum Umsatz, zur Personalzahl usw., in Beziehung gesetzt und auf die Meßeinheit umgerechnet. Die so gewonnenen Einheitszahlen können unmittelbar verglichen werden. Da die Kostenarten der verschiedenen Kreditunternehmen sich stark ähneln und zum mindesten innerhalb der Fachgruppen übereinstimmen und auch einheitliche Meßzahlen sich unschwer, wenn allerdings auch nur in beschränktem Umfange finden lassen, können Kostenartenvergleiche auf große geschlossene Betriebsgruppen oder sogar auf sämtliche Betriebe der Reichsgruppe Banken ausgedehnt werden.

Als ein derartig typischer Kostenartenvergleich ist der gelegentlich der Bankenquete 1933 durchgeführte Zins- und Bedarfsspannenvergleich der verschiedenen Kreditunternehmen anzusprechen. Dieser Vergleich erstreckte sich auf die Mehrzahl sämtlicher Kreditunternehmen. Die Ausdehnung des Vergleichs auch auf die Ertragsseite durch die Einbeziehung der Zins- und der Verwaltungserträge erweiterte zwar die Vergleichsgrundlage, die dem Kostenartenvergleich eigentümlichen Merkmale bleiben aber deutlich erkennbar. Der Gesamtbetrag der einzelnen Kostenarten wird unmittelbar den Aufwandskonten bzw. der Gewinn- und Verlustrechnung entnommen und über eine allen Betrieben gemeinsame Meßzahl, im vorliegenden Fall der Prozentsatz der Bilanzsumme, vergleichbar gemacht. Die Ursachen, die für die Höhe der Kosten bestimmend sind, bleiben unberücksichtigt. Da diese Ursachen außerordentlich verschieden sein können, lassen sich die gewonnenen Zahlen nur sehr bedingt vergleichen. Es ist ganz unmöglich, an Hand der ermittelten Zins- und Bedarfsspannen zu einem sicheren Urteil über die relative Höhe der einzelnen Zins- oder Kostensätze zu gelangen oder gar die Betriebsgebarung beurteilen zu wollen (vgl. Abschnitt Id). Ein solches Urteil wäre nur denkbar, wenn der Aufbau des Geschäftes, der Kundenkreis und die Zusammensetzung der Aktiv- und Passivposten vollständig gleichartig wären. In gewissem, allerdings auch nur beschränktem Umfange ist dies bei den Sparkassen der Fall. Hiermit mag es zusammenhängen, daß man gerade in Sparkassenkreisen der Zins- und Bedarfsspannenrechnung besondere Aufmerksamkeit zuwandte. Eine Überwachung der Betriebsgebarung an Hand der Zins- und Bedarfsspannenrechnung hat man aber wohl auch bei den Sparkassen kaum versucht, sondern sich wohl durchweg mit der Klarlegung gegebener Tatsachen begnügt, sich also auf überwiegend volkswirtschaftlich statistische Vergleiche beschränkt.

Eine mehr betriebswirtschaftliche Ausrichtung hat dagegen der Vergleich der prozentualen Gliederung der einzelnen Kostenarten. Derartige Vergleiche werden z. B. in der Industrie durchgeführt (vgl. Anlage 7). Wie aus der Anlage hervorgeht, wird der prozentuale Anteil der einzelnen Kostenarten an den Gesamtkosten ermittelt und verglichen. Meßzahl ist also die Höhe der Gesamtkosten. Als weitere Meßzahl ist in dem Beispiel der Umsatz herangezogen, auch die Kosten je RM 1000.— Umsatz sind festgestellt und verglichen. Der Umsatz scheidet bei den Kreditunternehmen als Meßzahl aus (vgl. den nächsten Absatz). Dagegen könnte man die Zahl der Gefolgschaftsmitglieder als Meßzahl nehmen und den auf ein Gefolgschaftsmitglied entfallenden prozentualen Anteil der einzelnen Kostenarten feststellen und vergleichen. Derartige Vergleiche der Gesamtkosten je Kostenart versprechen jedoch für Bankbetriebe im Gegensatz zu Industriebetrieben keine allzu wertvollen

Aufschlüsse. Die laufenden Betriebskosten setzen sich zum überwiegenden Teil, und zwar in der Regel zu 70 bis 80%, aus Personalkosten zusammen, nur ein Bruchteil sind Raum-, Material- und ähnliche Kosten. Im wesentlichen würde nur festgestellt werden, ob der für die Gehälter ermittelte Durchschnittssatz sich im Rahmen des üblichen hält. In dem prozentualen Verhältnis der anderen Kosten würden nur so geringfügige Schwankungen auftreten, daß man unmittelbare Schlüsse daraus kaum ziehen könnte. Die Überwachung und der Vergleich dieser Kosten, und zwar insbesondere der Materialkosten und der Raumkosten, erfolgt besser im Rahmen der Kostenstellenrechnung. Als Ergänzung zu den Kostenstellenvergleichen würde allerdings der Vergleich der Kosten je Kostenart wertvolle Dienste leisten können (vgl. Abschnitt IIIb).

Andere Kostenartenvergleiche als die in den beiden vorstehenden Absätzen geschilderten kommen für die Kreditunternehmen kaum in Frage. Dies hängt damit zusammen, daß vor allem der Umsatz nicht als Meßzahl für die Leistungen herangezogen werden kann. Der Vergleich von Umsatz und Leistung ist nur in sogenannten einstufigen Betrieben, d. h. in Betrieben, in denen die Leistung und die Kosten auf einer Ebene liegen, in denen also die Kostenhöhe und die Umsatzhöhe in direktem Verhältnis zueinander stehen, möglich. Besonders in reinen Handelsbetrieben ist dies der Fall. In diesen werden daher auch Kostenartenvergleiche mit großem Erfolge durchgeführt. Ganz anders ist es dagegen in Kreditunternehmen. Umsatz und Leistung sind außerordentlich unterschiedlich. Die Höhe sagt kaum etwas aus über die wirkliche Betriebsleistung. Die Kosten und die Leistungen müssen daher erst aufgespalten werden, um zum Vergleich herangezogen werden zu können. Diese Aufspaltung nimmt die Kostenstellenrechnung vor.

b) Vergleiche auf Grund der Kostenstellenrechnung.

Die Kostenstelle ist der Ort des Güterverzehrs und der Leistungserstellung (kostenorientierte Leistung). Kosten und Leistung stehen in unmittelbarer Wechselwirkung zueinander. Je geringer die Kosten für die Leistung sind, desto wirtschaftlicher arbeitet der Betrieb. Der Zweck des zwischenbetrieblichen Kostenstellenvergleiches ist dementsprechend, durch Vergleich der Kosten je Leistungseinheit die wirtschaftlichsten Arbeitsverfahren herauszufinden und außerdem eine objektive Überwachung der Kostenhöhe zu ermöglichen. Nur durch die Gegenüberstellung eindeutiger Kostenzahlen läßt sich dieses Ziel erreichen. Gefühlsmäßige Feststellungen genügen hierfür nicht. Das Gefühl trügt oft in ganz überraschender Weise, wie es im Vorwort zu der RKW-Veröffentlichung Nr. 43 „Der Kontenrahmen" heißt; es muß gerechnet werden und diese Rechnung ist nur möglich durch Betriebsvergleich. Ganz besonders gilt dies für den Kostenstellenvergleich.

Die Bildung der Kostenstellen hat in Bankbetrieben, wie gezeigt worden ist, in der Regel nach Tätigkeitsbereichen und nicht nach Arbeitsstellen, also nicht nach Abteilungen zu erfolgen (vgl. Abschnitt II a 3). Abteilungen kommen als Kostenstelle nur in Frage, wenn sie in sich abgeschlossene Tätigkeitsbereiche umfassen. Es ist jeweils zu fragen, welche Kosten entstehen durch die Bearbeitung der einzelnen Geschäftsvorfälle, z. B. durch die Bearbeitung des Überweisungsverkehrs, des Effektenverkehrs, des Buchungsverkehrs usw. Dadurch ergeben sich klare Meßzahlen und die wirtschaftliche Erledigung der einzelnen Arbeiten läßt sich unmittelbar an Hand dieser Meßzahlen überwachen. Am deutlichsten tritt dies beim Zahlungsverkehr in Erscheinung. Die Kosten für die Bearbeitung eines Kassenpostens, eines Schecks, einer Überweisung usw. (vgl. Anlage 1) zeigen bei einem Vergleich mit anderen Betrieben unmittelbar an, ob die Arbeiten wirtschaftlich erledigt werden. Ähnlich klare Meßzahlen liegen für den weitaus größten Teil sämtlicher Arbeiten im Bankbetriebe vor. Im Effektenhandel können die Kosten auf die Zahl der getätigten Geschäfte umgelegt werden. Für die Effekten-Verwaltung kommen als Meßzahlen die Zahl der eingelieferten und ausgelieferten Wertpapiere, der Depotbuchungen, der getrennten Kupons und der Kupon-Gutschriften in Frage. Meßzahlen im Sparkassenverkehr sind die Zahl der geführten Sparkonten, der Einzahlungen und Auszahlungen, der gewährten und verwalteten Darlehen und der Zins- und Tilgungszahlungen auf diese Darlehen. Die beiden zuletzt genannten Zahlen kommen auch als Meßzahl für die Hypothekenbanken in Frage. Außerdem ist für diese das Emissionsgeschäft zu berücksichtigen. Die Kostenstellenrechnungen brauchen jedoch keineswegs nur auf postenmäßig erfaßbare Vorgänge beschränkt zu bleiben, auch sonstige Kosten lassen sich durch Kostenstellenrechnungen überwachen. Durch Bildung der Kostenstelle „Hausverwaltung" kann man z. B. feststellen und vergleichen, welche verschiedenen Kosten auf einen Quadratmeter Büroraum für Heizung, Beleuchtung, Reinigung, Bewachung usw. anfallen. Die Kosten für den Einkauf, die Verwaltung und den Verbrauch von Büromaterial und Formularen können auf die Angestelltenzahl umgelegt und so die auf einen Angestellten entfallenden anteiligen Kosten ermittelt und verglichen werden.

Die Leistungseinheiten (kostenorientierte Leistungen) der verschiedenen Betriebe sind nun aber keineswegs immer gleichwertig. Erinnert sei an den unterschiedlichen Arbeitsaufwand bei der Bearbeitung der Kundenschecks, Bankschecks und Abrechnungsschecks (vgl. Abschnitt I b 1), weiter an Kleinzahlungen und Großzahlungen, an Aufträge von geschäftsgewandten und geschäftsunkundigen Personen. Auch können Störungsfaktoren infolge von Beschäftigungsschwankungen eintreten. Alle diese Störungsfaktoren lassen sich aber zu einem erheblichen Teil ausschalten, wenn man die regelmäßig durchzuführenden Vergleiche, wie dies u. a. auch vom RKW empfohlen wird, auf gleichartige Betriebe beschränkt (vgl. Abschnitt III d). Durch die Bildung solcher homogener Vergleichsgruppen würden sich dieselben günstigen Vergleichsmöglichkeiten wie bei den Filialunternehmen ergeben, und man würde zwangsläufig eine weitgehende Übereinstimmung in der Zusammensetzung der zu vergleichenden Leistungen und Kosten erreichen. Die Gleichwertigkeit der Leistungen läßt es u. a. auch ohne weiteres zu, auf eine bis ins einzelne gehende Untergliederung der Posten zu verzichten. So können z. B., wie dies in der Anlage 1 erfolgt ist, Postschecküberweisungen, Reichsbanküberweisungen und Kontoüberträge unbedenklich zusammengefaßt werden, das Gleiche gilt für Abrechnungsschecks, Bankschecks, Kundenschecks usw. Auch der in Abschnitt I b 1 angedeutete Ausgleich des unterschiedlichen

Arbeitsaufwandes, der durch die Bearbeitung nicht ganz gleichartiger Posten entsteht, durch Festlegung von Normalarbeitszeiten und durch die Verteilung der Kosten unter Berücksichtigung dieser Normalarbeitszeit, also durch Einschaltung einer Äquivalenzziffernrechnung, erscheint nicht erforderlich. Ähnlich verhält es sich mit den Störungsfaktoren, die durch den unterschiedlichen Standort oder auch durch unterschiedliche Gehälter bedingt sind. Man könnte daran denken, diese Störungsfaktoren durch Festlegung von Standardkostensätzen auszuschalten, wie dies zum Teil in der Industrie erfolgt. Aber auch dies dürfte sich, falls man die regelmäßigen Vergleiche auf gleichartige Betriebe beschränkt, erübrigen. Immerhin ist es erwünscht, daß Durchschnittsgehalt in den einzelnen Kalkulationen zu vermerken. Dies ist übrigens auch zum Teil in den Veröffentlichungen von Rummel erfolgt. Die Beschränkung der Vergleiche auf gleichartige Betriebe hat weiter den Vorteil, daß man den Kreis der einem Vergleich zu unterziehenden Kostenstellen bzw. Leistungen sehr weit ziehen kann und so nach und nach zu einer objektiven Überprüfung fast sämtlicher Kosten des Betriebes gelangt.

Eine weitere Voraussetzung für die erfolgreiche Durchführung der Vergleiche ist die Aufgliederung der in den Kostenstellen anfallenden Kosten nach Kostenarten. Zur Erläuterung wird ein der RKW Veröffentlichung Nr. 101 entnommenes Muster beigefügt (vgl. Anlage 8). Es handelt sich hier zwar um ein Muster für Industriebetriebe, es zeigt aber deutlich die Art der Aufgliederung. Die Aufgliederung hat vor allem den Zweck, klar herauszustellen, bei welchen Kostenarten die Unterschiede liegen und wo somit Einsparungsmöglichkeiten vorhanden sind. In Bankbetrieben wäre vor allem zu unterscheiden zwischen direkten Arbeitskosten, Zuschlag der Kosten für Hilfsabteilungen, Sachkosten, Pensionszahlungen, Generalunkosten und Steuern. In der Geschäftsspartenkalkulation wird bereits eine solche Gliederung der Kosten vorgenommen. Die Aufgliederung erfolgt allerdings nicht in der eigentlichen Kostenstellenrechnung (Postenkalkulation, vgl. Anlage 1), sondern nur in der Kalkulation der Geschäftssparten (vgl. Anlage 5). In Erwägung zu ziehen wäre weiter der Einzelnachweis der Raumkosten sowie der Kosten für Formulare und für Bürobedarf. Am zweckmäßigsten dürften allerdings diese Kosten durch Bildung besonderer Kostenstellen überwacht werden. Durch die Aufgliederung der Kosten und durch die Ausdehnung des Vergleichs auf die Kostenarten innerhalb der Kostenstellen lassen sich auch unschwer Filialbetriebe mit filiallosen Betrieben vergleichen. Auch werden die sogenannten fixen Kosten dadurch besonders kenntlich gemacht und können das Vergleichsbild nicht stören. Zu bemerken ist allerdings, daß fixe Kosten in größerem Umfange im allgemeinen nur bei kapitalintensiven Betrieben vorkommen, also bei Betrieben, in denen die Zins- und Abschreibungsquoten für das Anlagevermögen die Lohnkosten übersteigen oder doch einen erheblichen Teil derselben ausmachen. Bei arbeitsintensiven Betrieben, zu denen die Banken zählen, können eigentlich nur die Raumkosten und der Teil der Personalkosten als fixe Kosten angesehen werden, der auf den Bereitschaftsdienst entfällt. Da aber durch Verlegung der nicht dringenden Arbeiten in die stilleren Zeiten oder auch durch eine entsprechende Verteilung des Urlaubes die Betriebe die Möglichkeit haben, die auftretenden Schwankungen in der Arbeitsbelastung weitgehend auszugleichen, dürften die durch den Bereitschaftsdienst entstehenden zusätzlichen Kosten im allgemeinen recht gering sein. Man könnte diese Kosten aber trotzdem gesondert ausweisen. Je sorgfältiger die Aufgliederung der Kosten in der Kostenstellenrechnung erfolgt, um so aufschlußreicher sind die auf Grund der Kostenstellenrechnung durchgeführten Vergleiche (vgl. Abschnitt III d).

c) Vergleiche auf Grund der Kostenträgerrechnung.

Die Kostenträgerrechnung der Kreditunternehmen, also die eigentliche Geschäftsspartenkalkulation, ist eine Leistungsgruppenrechnung (vgl. Abschnitt II b 3). Die Summe der in der Kostenträgerrechnung jeweils zusammengefaßten Leistungen, ihre Zusammensetzung und die Kosten selbst sind durchaus verschieden. Beschränkt man die Kalkulation auf die drei Hauptsparten, so läßt sich eigentlich nur das prozentuale Verhältnis zwischen Kosten und Erträgen vergleichen. Durch derartige Vergleiche wäre bei den einzelnen Vergleichsbetrieben festzustellen, welcher Prozentsatz der Erträge durch die Kosten aufgezehrt wird, bzw. um wieviel die Kosten die Erträge übersteigen und in welcher Höhe die gewinnabwerfenden Sparten durch die Verlustsparten belastet werden. Sollte es sich dabei herausstellen, wie dies nach den Rummelschen Untersuchungen augenscheinlich für den Zahlungsverkehr und zum Teil auch für den Effektenverkehr der Kreditbanken der Fall ist, daß die für einzelne Geschäftssparten anfallenden Kosten bei der Mehrzahl der Betriebe der einzelnen Vergleichsgruppen nicht durch entsprechende Erträge gedeckt bzw. überdeckt werden, so könnten die Vergleichszahlen als Grundlage für die Überprüfung der Zins-, Provisions- und Gebührenkonditionen dienen. Ein derartiges Tatsachenmaterial würde jedenfalls für eine gerechte Festsetzung der Konditionen von unzweifelhaften Wert sein; es würde dazu beitragen, die Kosten entsprechend der Leistung zu verteilen und so wirtschaftliche Leistungen fördern und unwirtschaftliche hemmen helfen. Bei der Auswertung der Vergleiche müssen natürlich die Ergebnisse der Postenkalkulation und der Kontenkalkulation mit herangezogen werden. Sie zeigen an, nach welcher Richtung hin gegebenenfalls eine Neuregelung der Konditionen anzustreben ist.

Wesentlich erweitert würden die Vergleichsmöglichkeiten, wenn die Kalkulation auch auf die Untersparten ausgedehnt würde. Insbesondere trifft dies für das Einlage- und Anlagegeschäft zu. Für das Kontokorrentkreditgeschäft hat, wie bereits an anderer Stelle erwähnt wurde, Rummel eine ähnliche Untersuchung durchgeführt. Derartige Kostenvergleiche der Untersparten könnten zu sehr wichtigen Aufschlüssen führen. Die Gegenüberstellung der Kosten, die z. B. anfallen auf je 1000.— RM kurzfristige Einlagen, befristete Einlagen, Spargelder, Pfandbriefemissionen sowie auf je 1000.— RM Barkredite, Warenkredite, langfristige Darlehen usw., würde einen zahlenmäßigen Aufschluß über die Bedeutung der einzelnen Einlage- und Anlagegeschäfte der Institute geben. Ähnliches gilt für die anderen Untersparten, so z. B. für das Wechselgeschäft, den Effektenhandel, das Verwahrungsgeschäft usw. Bei den Kostenvergleichen der Untersparten wäre, ähnlich wie bei den Kostenvergleichen der Kostenstellen, eine Aufgliederung nach Kostenarten (Zinskosten, Arbeitskosten, Generalunkosten, Steuern usw.) anzustreben. Auf den Einzelnachweis der Erträge könnte dagegen im allgemeinen verzichtet werden. Die Aufgliederung der Kosten würde u. a. auch erkennen lassen, wie unterschiedlich die einzelnen Unternehmen durch Sonderkosten, wie z. B. durch soziale Aufwendungen sowie durch Steuern usw., belastet werden und wie durch diese Sonderkosten ein erheblicher Teil des Bruttogewinnes aufgezehrt wird. Die Aufgliederung der Kosten würde die Vergleichszahlen außerdem für den Einzelbetrieb wertvoll machen, während sonst die Vergleiche, ebenso wie die Vergleiche auf Grund der Kostenartenrechnung, nur ein allgemein wirtschaftliches Interesse haben. Die allgemein wirtschaftliche Bedeutung der auf Grund der Kostenträgerrechnung durchgeführten Vergleiche wird allerdings in jedem Falle im Vordergrund stehen. Sie vermitteln erweiterte Kenntnisse über die Geschäftsgrundlagen der Banken und dürften den maßgebenden Stellen deren Sicherung und Ausweitung erleichtern.

d) Das Vergleichsverfahren.

Praktische Erfahrungen in der regelmäßigen Durchführung von Kostenvergleichen liegen wohl nur bei der Deutschen Bank und einigen anderen Filialgroßbanken sowie bei einzelnen Sparkassenorganisationen vor. Die Vergleiche sind außerdem nur innerhalb des Kreises der eigenen Filialen und eines engbegrenzten Kreises der angeschlossenen Sparkassen durchgeführt. Die Versuche, die Zahlen der Sparkassen mit denen der Banken zu vergleichen, zeigten, daß dies nur schwer möglich ist. So führt z. B. Seeliger (a. a. O.) als Kostensätze der Sparkassen für eine Überweisung 24 Pfg. und für einen Kassenposten 34 Pfg. gegenüber 50 Pfg. bzw. 57 Pfg. der Deutschen Bank an. Die mangelnde Übereinstimmung dürfte zu einem erheblichen Teil darauf zurückzuführen sein, daß die Aufgliederung der Kosten nicht nach einheitlichen Grundsätzen erfolgte, daß weiter die relative Höhe der einzelnen Kostenarten (z. B. der Steuern und der Gehälter) verschieden ist und daß ferner das Gewicht der einzelnen Leistungseinheiten (Kleinzahlungen, Großzahlungen, Postscheküberweisungen, Reichsbanküberweisungen, Kontoüberträge) nicht übereinstimmt. Es erscheint jedenfalls abwegig zu sein, an Hand dieser Kostensätze ein Urteil über die wirtschaftliche oder unwirtschaftliche Erledigung der einzelnen Arbeiten abzugeben. Ein solches Urteil kann man nur fällen, wenn die Kostenrechnung nach einheitlichen Gesichtspunkten aufgebaut wird und wenn vor allem auch der Vergleich auf gleichartige Betriebe beschränkt wird.

Die Beschränkung auf gleichartige Betriebe ist besonders bei den regelmäßig durchzuführenden Vergleichen erforderlich. So heißt es auch in den Mitteilungen der Forschungsstelle für den Handel beim RKW, 4. Jahrgang Nr. 10/11, Der Betriebsvergleich im Handel: „Wenn der einzelne Betrieb in der Lage sein soll, die Zahlen anderer Betriebe als Maßstab zur Beurteilung seiner eigenen Leistungen und Kosten zu verwenden, so ist erste Vorbedingung zur Vermeidung von Fehlschlüssen, daß die zum Vergleich herangezogenen

Betriebe nach Struktur und Leistungen hinreichend ähnlich sind, und daß die verglichenen Rechnungsdaten in allen Betrieben einheitlich ermittelt werden." Dies gilt für allgemein wirtschaftliche Vergleiche, weit mehr aber noch für die Kostenstellenvergleiche. Das Reichskuratorium für Wirtschaftlichkeit führt für Handels- und Industriebetriebe derartige Vergleiche in größerem Umfange durch. Es ist von besonderem Interesse kurz auf das beim RKW entwickelte Verfahren einzugehen. Die Untersuchungen erfolgen gegen Erstattung der Selbstkosten im Auftrage der Fachgruppen der gewerblichen Wirtschaft oder auch der Verbände (vgl. RKW-Veröffentlichung Nr. 101). Im allgemeinen erstrecken sich die Untersuchungen auf je 10—20 Firmen. Für die Durchführung werden in der Regel jeweils zwei besonders geschulte Mitarbeiter des RKW angesetzt. Durch die Untersuchungen sollen erst die Voraussetzungen für die Durchführung laufender zwischenbetrieblicher Vergleiche geschaffen werden, daneben bezwecken sie aber auch die unmittelbare Aufdeckung und Abstellung von Verlustquellen und sie dienen insoweit den zum Vergleich herangezogenen Firmen unmittelbar als Grundlage für die Durchführung organisatorischer Verbesserungen. Die Durchführungsaufgaben und -ergebnisse sind von dem RKW stichwortmäßig zusammengestellt. Die Zusammenstellung wird zur Erläuterung beigefügt (vgl. Anlage 9). In Verbindung mit den Untersuchungen werden vom RKW nach Möglichkeit Richtzahlen für die wichtigsten Kostensätze zwecks laufender Durchführung zwischenbetrieblicher Vergleiche aufgestellt. Es wird angestrebt, diese Richtzahlen über die Fachgruppen und Verbände allen in Frage kommenden Firmen, also nicht nur den Firmen, auf die die Untersuchungen des RKW sich erstreckten, zugänglich zu machen.

Es dürfte sich empfehlen, bei dem Aufbau des Vergleichsverfahrens im Kreditwesen ähnlich vorzugehen. Dies gilt insbesondere für die auf Grund der Kostenstellenrechnung durchzuführenden Leistungsvergleiche. Bei diesen kommt es nicht darauf an, Durchschnittsleistungen festzustellen, sondern es soll die Bestleistung herausgestellt werden. Es brauchen daher auch nicht die Zahlen von hunderten von Betrieben zusammengestellt und Durchschnittswerte errechnet werden, um an Hand dieser Durchschnittswerte zu ermitteln, ob die Leistung des eigenen Betriebes im Vergleich zu anderen Betrieben noch ausreichend oder zufriedenstellend ist. Die Kostenstellenvergleiche sollen vielmehr zeigen, was an der Bestleistung fehlt und wo noch Einsparungsmöglichkeiten vorhanden sind. Dieses Ziel wird am besten und schnellsten erreicht, wenn man die Kostensätze einer kleinen Zahl gut durchorganisierter Betriebe feststellt und vergleicht und die so gewonnenen Zahlen (Richtzahlen) den anderen Betrieben als Vergleichsgrundlage zugänglich macht. Es würden so zwangsläufig die kostensparendsten Arbeitsmethoden ermittelt werden und diese könnten allgemein zur Durchführung gelangen. Voraussetzung hierfür wäre natürlich, daß etwaige günstigere Kostensätze einzelner Betriebe den maßgebenden Stellen mitgeteilt und daß die Untersuchungen dann gegebenenfalls auch auf diese Betriebe ausgedehnt und die Ursachen der günstigeren Kostensätze eindeutig geklärt würden.

Nur die auf Grund der Kostenarten- und der Kostenträgerrechnung durchzuführenden allgemein wirtschaftlichen Vergleiche können gegebenfalls von vornherein auf eine breitere Basis gestellt werden. Aber auch hier sollte man den Kreis der zu vergleichenden Betriebe nicht zu weit ziehen. In der bereits erwähnten Veröffentlichung der Forschungsstelle für den Handel wird ausdrücklich darauf hingewiesen, daß eine relativ kleine Zahl von Betrieben, wenn sie in ihrer Zusammensetzung den verschiedenen in dem betreffenden Handelszweig üblichen Typen entspricht, im allgemeinen völlig ausreicht, um zuverlässige Durchschnittsrichtzahlen über die Entwicklung der einzelnen Handelszweige und Betriebsformen im Laufe der Jahre zu gewinnen. Dies dürfte auch für die überwiegende Zahl der in den Wirtschafts- und Fachgruppen zusammengeschlossenen verschiedenen Kreditunternehmen zutreffen.

Eine Sonderstellung nehmen die Vergleiche zwischen den Betrieben verschiedener Vergleichsgruppen ein. Derartige Vergleiche müssen, sofern man zu wirklichen, auswertbaren Ergebnissen kommen will, grundsätzlich auf einige wenige Betriebe beschränkt und im Wege sorgfältigster Einzeluntersuchungen durchgeführt werden. Die unterschiedlichen Betriebsbedingungen (Unterschied in den Tarifgehältern, in der Steuerbelastung, in den Leistungseinheiten, in der Zusammensetzung des Kundenkreises usw.) sind dabei bis ins einzelne zu berücksichtigen. Ohne Berücksichtigung dieser unterschiedlichen Bedingungen ist ein Vergleich der Kostenzahlen nicht möglich (vgl. den einleitenden Absatz). Das besagt aber keineswegs, daß man grundsätzlich auf diese Vergleiche verzichten soll. Auch sie können zu wertvollen Ergebnissen führen. Man muß sich aber der Schwierigkeiten, die sich derartigen Vergleichen entgegenstellen, bewußt sein und entsprechend sorgfältig vorgehen.

Die bei dem Aufbau des Vergleichsverfahrens auftretenden Probleme hätten die Kreditunternehmen in gemeinsamer Arbeit zu klären. Die Wirtschafts- und Fachgruppen könnten dabei vermittelnd eingreifen. Sie hätten u. a. darauf hinzuwirken, daß die in Abschnitt II c 3 erwähnten Kalkulationsgemeinschaften gebildet und daß durch diese ebenso wie die Bedingungen für eine einheitliche Gestaltung und Durchführung von Kostenrechnungen auch die Bedingungen für die Durchführung einwandfreier Kostenvergleiche geklärt würden. Anschließend könnten dann Richtzahlen für die wichtigsten Kostensätze ermittelt und den angeschlossenen Unternehmen zugänglich gemacht werden. Nach und nach wären dann die Vergleiche auf eine größere Anzahl von Betrieben auszudehnen. Im Zusammenhang hiermit hätten die Wirtschafts- und Fachgruppen den Erfahrungsaustausch zwischen den einzelnen Betrieben zu fördern und zu vermitteln und darauf hinzuarbeiten, daß kostensparende Arbeitsverfahren allgemein erkannt und eingeführt werden. Auch könnten die Gruppen gegebenenfalls für die Durchführung allgemein wirtschaftlicher Vergleiche eingeschaltet werden. Die Schaffung einer großen Kalkulationszentrale, von der, wie dies von einzelnen Stellen befürwortet wird, die Zahlen möglichst vieler Betriebe zentral zusammenzustellen und auszuwerten wären, erscheint wenig zweckmäßig. Es würden von dieser eine Unmenge Zahlen zu verarbeiten sein, ohne daß deren Auswertung zu wirklich praktischen Ergebnissen führen würde. Aber auch bei der Bildung besonderer Vergleichsgruppen und bei Beschränkung der Vergleiche auf gleichartige Betriebe, dürfen die sich bei der Durchführung und Auswertung der Vergleiche ergebenden Schwierigkeiten nicht unterschätzt werden. Das RKW mußte z. B. feststellen, daß trotz der von ihm bei den einzelnen Gruppen und Verbänden durchgeführten Untersuchungen nur sehr wenige dieser Gruppen und Verbände von der Möglichkeit Gebrauch machten, den durchgeführten zwischenbetrieblichen Vergleich laufend zu wiederholen. Diese Feststellung wurde allerdings 1937 in der RKW-Veröffentlichung Nr. 101 getroffen. Neuerdings soll ein erheblicher Teil der Betriebe den Vergleichen größeren Wert beimessen, und es sollen jetzt laufende Kostenvergleiche in größerem Ausmaße durchgeführt werden. Es darf angenommen werden, daß auch bei den Kreditunternehmen nach der erweiterten Durchführung von Kostenrechnungen dem Kostenvergleich, und zwar besonders dem Kostenstellenvergleich, erhöhte Aufmerksamkeit geschenkt wird.

IV. Zusammenfassung.

Das eigentliche Ziel der Kostenrechnung im Kreditwesen ist die Überwachung der Betriebsgebarung. Eine Preiskalkulation kommt für die Kreditinstitute nur sehr beschränkt in Frage. Bei der Überwachung der Betriebsgebarung steht die kostenmäßige Überprüfung der Betriebsorganisation mit an erster Stelle. Dementsprechend sollte man auch bei dem Aufbau des Kostenrechnungs-Verfahrens der Kostenstellenrechnung dieselbe Beachtung schenken wie der Kostenträgerrechnung. Die Kostenstellenrechnung ist eine ausgesprochene Leistungsrechnung. Durch sie werden die Kosten je Einzelleistung ermittelt und sie gewährt dadurch einen unmittelbaren Einblick in den Kostenverzehr der einzelnen Arbeiten und Betriebsleistungen. Durch Vergleich der Kostenstellen gleichartiger Betriebe werden die Stellen mit überhöhten Kosten und zum Teil auch unmittelbar die Ursache dieser überhöhten Kosten nachgewiesen. Die jeweils wirtschaftlichsten Arbeitsverfahren werden klar herausgestellt und der Einzelbetrieb kann auf umfangreiche Einzeluntersuchungen und Einzelfeststellungen verzichten. Man denke nur daran, in welchem Ausmaße die in den letzten beiden Jahrzehnten durchgeführten Versuche zur Rationalisierung der Betriebe hätten vereinfacht und welcher Aufwand an Zeit und Kosten dem Einzelbetrieb hätte erspart werden können, wenn früher bereits Kostenstellenrechnungen und Kostenstellenvergleiche vorgenommen worden wären und der Einzelbetrieb dadurch die Möglichkeit gehabt hätte, auf die Erfahrungen anderer Betriebe zurückzugreifen. Auch heute noch sind die Betriebe, soweit sie nicht bereits Kostenrechnungen durchführen, bei der Beurteilung ihrer Betriebsorganisation und bei den Versuchen, dieselbe auszugestalten, zu einem erheblichen Teil auf rein gefühlsmäßige Feststellungen angewiesen. Durch Kostenvergleiche würden die Urteile eine sichere Grundlage erhalten. Die Vergleiche würden in vielen Fällen auch dort Einsparungsmöglichkeiten zeigen, wo solche überhaupt nicht vermutet werden.

Während die Kostenstellenrechnung vor allem den Zweck hat festzustellen, ob durch die aufgewandten Kosten die jeweils bestmöglichsten betriebstechnischen Leistungen erzielt werden, beantwortet die Kostenträgerrechnung die Frage, welcher Kostenverzehr ist durch die einzelnen Geschäftssparten und Untersparten bedingt und wie verhalten sich die Kosten zu den Ertragsgrundlagen. Sie gibt dadurch dem Einzelbetrieb wertvollste Aufschlüsse über die zu befolgende Geschäftspolitik und zeigt, nach welcher Richtung hin eine Steigerung der Erträge anzustreben ist. Bei der Auswertung der Ergebnisse der Kostenträgerrechnung muß der einzelne Betrieb sich allerdings im wesentlichen auf die eigenen Zahlen beschränken. Die Zahlen anderer Betriebe können von dem Einzelbetrieb nur sehr bedingt zum Vergleich herangezogen werden, da durch die Berücksichtigung der Erträge in der Kostenträgerrechnung der Vergleich sehr erschwert wird. Nur die Kostensätze lassen sich einigermaßen zuverlässig vergleichen. Auch dürften sich aus natürlichen Gründen nur wenig Betriebe zu einem unmittelbaren gegenseitigen Austausch sämtlicher Kosten- und Ertragszahlen bereit finden. Eine Einschaltung der Fach- und Wirtschaftsgruppen erscheint daher besonders bei der Auswertung der Ergebnisse der Kostenträgerrechnung erwünscht, zumal im Kreditwesen gebundene Preise vorherrschen und der Einzelbetrieb die Zins- und Gebührensätze nur sehr beschränkt nach der Höhe der Kosten bemessen kann. Die Gruppen könnten durch Vergleich der Kostensätze verschiedener Betriebe die normale Kostenbelastung feststellen und so eine sichere Grundlage für die von ihnen zu vertretende Zins- und Gebührenpolitik schaffen. Ähnliches gilt für die aus der Kostenartenrechnung sich ergebenden Vergleiche, also insbesondere für die Zins- und Bedarfsspannenvergleiche. Die Kostenartenrechnung selbst hat lediglich die Aufgabe, die Kosten für die Kostenstellenrechnung und weiter für die Kostenträgerrechnung zu sammeln.

Der Aufbau der drei Kostenrechnungsarten ist ihrem unterschiedlichen Aufgabenkreis anzupassen. Am einfachsten ist der Aufbau der Kostenartenrechnung. Die an diese zu stellende Forderung einer lückenlosen Sammlung und Aufgliederung der Kosten wird im wesentlichen durch die im Kreditwesen allgemein übliche sorgfältige Erfassung und Verbuchung des Aufwandes erfüllt. Die notwendigen Ergänzungen sind durchweg formaler Natur. Eine Vereinheitlichung läßt sich durch Aufstellung von Kontenplänen unschwer erreichen. Auch ein einwandfreier Aufbau und eine einheitliche Gestaltung von Kostenstellenrechnungen erscheinen durchaus möglich. Die in der Praxis durchgeführten Postenkalkulationen zeigen, nach welcher Richtung hin die Ausgestaltung zu erfolgen hat. Das Hauptgewicht ist auf eine klare Abgrenzung der Kostenstellen, auf die eindeutige Bestimmung der Leistungseinheiten und sodann auf die Aufgliederung der Kostenarten zu legen. Zu beachten bleibt, daß die Auswertung von Kostenstellenrechnungen durch laufende Vergleiche auf gleichartige Betriebsgruppen zu beschränken ist. Dadurch werden der einheitliche Aufbau und die Durchführung von Kostenstellenrechnungen wesentlich erleichtert. Am schwierigsten erscheint zunächst der einheitliche Aufbau der Kostenträgerrechnung. Es gibt in Bankbetrieben keine ertragsorientierte Leistungseinheiten und selbst für die an Stelle der Leistungseinheiten tretenden Leistungsgruppen lassen sich die Erträge nicht eindeutig bestimmen. Durch die Geschäftspartenkalkulation und durch die in Verbindung mit derselben aufgestellten unkompensierten Bilanzen sowie durch die periodische Durchführung von Kontenkalkulationen ist aber das Problem im wesentlichen gelöst. Es wäre, wie bereits erwähnt, lediglich in Erwägung zu ziehen, etwaige Vergleiche vorwiegend auf die Kostensätze abzustellen. Abgesehen von einigen formalen Änderungen bilden somit die in der Praxis entwickelten Methoden für alle drei Kostenrechnungsarten eine sichere Grundlage für die Vereinheitlichung. Bei der weiteren Ausgestaltung, und zwar besonders auch bei der Klärung grundsätzlicher Fragen, sollte man jedoch auf die amtlichen Kostenrechnungsgrundsätze und auf die Veröffentlichungen des Reichskuratoriums für Wirtschaftlichkeit zurückgreifen. Besonders auch bei dem Ausbau des Vergleichsverfahrens erscheint es angebracht, die von dem RKW bei der praktischen Durchführung von Betriebsvergleichen gesammelten Erfahrungen auszuwerten.

Zusammenfassend ist jedenfalls festzustellen, daß ebenso wie für die Handels-, Industrie- und Gewerbebetriebe auch für die Kreditunternehmen einheitliche und vergleichbare Kostenarten-, Kostenstellen- und Kostenträgerrechnungen möglich sind. Man muß sich allerdings von dem Gedanken frei machen, daß die Kostenrechnungen in allen Einzelteilen genau übereinstimmen und daß die Ergebnisse sämtlicher Betriebe vergleichbar sein müssen. Das ist auch bei den Handels-, Industrie- und Gewerbebetrieben nicht der Fall. Die Kostenrechnungen haben sich den Erfordernissen der einzelnen Betriebsgruppen anzupassen, nur im Aufbau und in den Grundzügen ist eine Einheitlichkeit erforderlich. Um die Vereinheitlichung vorzubereiten und durchzuführen, empfiehlt es sich, innerhalb der einzelnen Wirtschafts- und Fachgruppen besondere Kalkulationsgemeinschaften zu bilden. Innerhalb dieser Kalkulationsgemeinschaften würden sich dieselben günstigen Voraussetzungen für die Durchführung von Kostenrechnungen und Kostenvergleichen schaffen lassen wie innerhalb der Filialnetze der Filialunternehmen. Da die Geschäftsstruktur gleich, der organisatorische Aufbau aber zum Teil verschieden ist, dürften die Ergebnisse noch wesentlich aufschlußreicher sein als bei den Filialunternehmen. Der Aufbau der Kostenrechnungen kann dabei einfach, der Wert würde aber trotzdem sehr erheblich sein. Kosten und Leistungen würden in ihrer Wechselwirkung klar herausgestellt und erkannt werden. Dies würde zwangsläufig zu einer Einschränkung unwirtschaftlicher Leistungen führen. Auch die Kunden würden den Leistungen der Kreditunternehmen und damit der Zins- und Gebührenpolitik derselben größeres Verständnis als bisher entgegen bringen. Vor allem würden sich aber die Kostenrechnungen für die Ausgestaltung der Betriebsorganisation günstig auswirken. Durch Vergleich weniger Zahlen kann jeweils festgestellt werden, an welchen Stellen wirtschaftlich und wo unwirtschaftlich gearbeitet wird. Gute Leistungen werden weit sicherer erkannt und dementsprechend auch viel eher anerkannt werden als bislang. Dies wird innerhalb der Betriebe ein allgemeines Streben nach Bestleistungen hervorrufen. Darüber hinaus werden die Kostenrechnungen und Kostenvergleiche, und zwar besonders die Kostenstellenvergleiche, zu einem regen zwischenbetrieblichen Gedankenaustausch und zu echter Gemeinschaftsarbeit führen. Diese Gemeinschaftsarbeit wird sich zweifellos sehr befruchtend auswirken und zu ständig gegenseitiger Leistungssteigerung anspornen.

Literaturverzeichnis.

Fehrmann, Erich: Die Geschäftsspartenkalkulation im Kreditbankwesen, Berlin 1936.

Fischer, Heß, Seebauer: Buchführung und Kostenrechnung, Leipzig 1939.

Hasenack, Wilh.: Betriebskalkulationen im Bankgewerbe, Berlin 1925.

Rummel, Hans: Die Möglichkeiten einer genauen Selbstkostenberechnung im Bankgewerbe und ihre Auswirkung auf die Rentabilität (als Sonderdruck erschienen).

Schönpflug, F.: Die Abteilungskalkulation im Bankbetriebe, Berlin 1934.

Schmalenbach, E.: Selbstkostenrechnung und Preispolitik, Leipzig 1934.

Zschaler, Gerhard: Selbstkostenrechnung und kurzfristige Erfolgsrechnung im Kreditbankwesen, Frankfurt 1940.

Sammelwerke: Die Deutsche Bankwirtschaft.

1. Nicklisch, Heinrich und Seischab, Hans: Die Arbeitsteilung im deutschen Bankwesen.
2. Pfeffer, Friedrich: Die Standesorganisation des deutschen Kreditwesens.
3. Seeliger, Walter: Die Kostenrechnung der Kreditinstitute.

Reichskuratorium für Wirtschaftlichkeit, RKW-Veröffentlichungen:

Nr. 43: Der Kontenrahmen.

Nr. 61: Grundplan der Selbstkostenrechnung.

Nr. 101: Größere Wirtschaftlichkeit durch geordnetes Rechnungswesen und Betriebsuntersuchungen.

Mitteilungen der Forschungsstelle für den Handel beim RKW „Der Betriebsvergleich im Handel", 1934.

Zeitschriften:

„Der Wirtschaftsprüfer".

Eisfeld, Curt: Die Auswertung der Bankbilanz durch die Zinsspannenrechnung, Mai 1934.

„Sparkasse":

Schoele, Otto: Liquiditätskontrolle und kurzfristige Erfolgsermittlung bei der Deutschen Girozentrale, 1933.

„Zahlungsverkehr und Bankbetrieb":

Seeliger, Walter: Die Kalkulation der D.D.-Bank, Jahrg. 1934.

Seischab, Hans: Stückaufwandsrechnung im Zahlungsverkehr, Jahrg. 1934.

Ulbricht, Erhard: Die Kalkulation der D.D.-Bank, Jahrg. 1934.

Posten-Kalkulation für das Jahr 1933

Anl. 1

Vorbereitung	Stück- bzw. Postenzahl	Gesamt-Stück- bzw. Postenzahl der Gruppe	Gehälter einschl. soziale Lasten, Gratifikationen, anteil. Sachkosten, Pensionen, Generalunkosten usw.	Vorbereitungskosten eines Postens bzw. Abschnitts
a) Kassen-Verkehr				
Ein- und Auszahlungsposten	99957			
Inkassi	5484	105441	44200.—	—,42
b) Überweisungs-Verkehr				
Konto-Überträge	31687			
im Abrechnungsverkehr ein- und ausgehende Überweisungen	34239			
Reichsbank- und Postscheck-Ein- und Ausgänge	83134	149060	52100,—	—,35
c) Inkasso-Verkehr				
1. RM-Schecks auf uns (einschl. Abrechnungs-Eing.)	50992			
RM-Schecks auf Schwesteranst. u. fremde Banken	115978			
Währungs-Scheck-Eingang	2467			
von Zentrale, Schwesteranstalten und Banken eingehende kurzfristige Wechsel	14727	184164	18400,—	—,10
2. Rückwechsel (Mark und Währung)	2661			
Wechsel u. Schecks zur Gutschrift nach Eingang (Mark und Währung)	2589	5250	4100,—	—,78
3. Dokumenten-Inkassi (Mark und Währung)	775	775	2400,—	3,10
d) Diskont-Geschäft				
valutierte Kundenwechsel	1523			
der Kundschaft diskontierte RM-Wechsel	12835			
der Kundschaft diskontierte Währungswechsel	513	14871	12200,—	—,82
den Unterstellen diskontierte Wechsel				

c) Devisen-Geschäft				
getätigte Schlüsse	8177			
Scheckziehungen	1402	9579	11000,—	1,15
		Add. a	144400,—	—
Weiterbearbeitung	Stückzahl der Buchungsposten		Gehälter einschl. soziale Lasten, Gratifikationen, anteil. Sachkosten, Pensionen, Generalunkosten usw.	Weiterbearbeitungskost. eines Buchungspost.
Kontokorrentbuchhaltung, Anteil Oberbuchhalterei, Skontren einschl. Spezifikationen (ohne Effektenskontro)	auf den Konten der Loro-Kundschaft	318561		
	den Unterstellen			
	insges.	318561	b 73500,—	—,23
		Add. a + b	217900,—	
Durchschnittlich täglich bewegte Konten der Loro-Kundschaft 493	Kosten der Hilfsarbeit der Gruppe B für das Kredit-Geschäft . . .		9800,—	
der Unterstellen				
Durchschn. Größe eines Kassenpostens RM 630,—	Kostenanteil für die mit der Hereinholung befristeter Gelder beschäftigten Schalterbeamten		4600,—	
Durchschn. Größe eines disk. Kundenwechsels RM 870,—	In Übereinstimmung mit den Ausgaben der Gruppe B . . .		232300,—	

Kontenkalkulation für das Jahr 1933 Anl. 2

des $\frac{\text{provisionsfreien}}{\text{provisionspflichtigen}}$ Kontos: ______________________

1. Arbeitskosten

a) Vorbereitungskosten

	Stück-zahl	kosten	RM
Kasse — Ein- u. Auszahlungen	162	—,42 =	68,04
Überweisungsposten (jede Überweisung — ein- u. ausgehend — einzeln gezählt)	509	—,35 =	178,15
Scheckeinreichungen (jeder Abschnitt für sich gezählt). . .	122	—,10 =	12,20
Im Korrespondenzwege oder durch die Abrechnung eingelöste Schecks	7	—,10	—,70
Rückwechsel und Wechsel z. Gutschr. nach Eingang . . .			
Dokumenten-Inkassi		=	
Devisen-An- und Verkäufe und Vergütung durch Scheck		=	
			259,09

b) Weiterbearbeitungskosten

Auf obige Posten entfallen die Kontobuchungen (ohne Diskontwechsel-, Effekten- u. Kuponsposten	757	—,23 =	174,11
		Arbeitskosten insgesamt:	433,20

2. Arbeitsentschädigung

a) Vereinnahmte Arbeitsentschädigung

Umsatzprovision	—
Devisengewinn	—
Devisenprovision	—
Inkasso- u. Rückwechselprovision	—
Sonstige Provisionen	—

b) Nur bei Guthabenkonten vereinnahmte Arbeitsentschädigung

½% Zinsdifferenz auf das Durchschnittsguthaben der provisionsfreien Konten in Höhe von RM 10.886	= 27,21
1% Gewinnanteil an d. Anl. d. Geldes auf RM 10.886	= 54,43
Arbeitsentschädigungen insgesamt:	81,64

3. Ergebnis der Kontenkalkulation

Arbeitskosten	433,20
./. Arbeitsentschädigung	81,64
Verlust aus der Kontoführung	351,56

Anl. 3

Schematisches Beispiel einer Zins- und Bedarfsspannenrechnung

Aktiva	Betrag	Zinssatz	Zinsertrag		Passiva	Betrag	Zinssatz	Zinsaufwand
1. Barreserve	5000	0	0		1. Jederzeit fällige Gelder	35000	1	350
2. Flüss. Mittel (Priv. Disk., Schatzw., Wertp.)	30000	3,5	1050		2. Feste Gelder und Gelder auf Kündigung . .	30000	3	900
3. Kundenwechsel . . .	10000	4,5	450		3. Spareinlagen	30000	3,2	960
4. Schuldner	30000	6,2	1860		4. Eigene Mittel	5000	—	—
5. Hypotheken	20000	5	1000					
6. Gebäude, dauernde Beteiligungen	5000	3	150					
	100000	4,51	4510			100000	2,21	2210

Zinsertrag für das Jahr	4510	Durchschn. Zinssatz für die Aktiva	4,51%
Zinsaufwand für das Jahr	2210	Durchschn. Zinssatz für die Passiva	2,21%
	2300	Zinsspanne	2,3 %

Verwaltungsaufwand laut Gewinn- u. Verlustrechnung für das Jahr	2200	in % der Bilanzsumme	2,2%
Verwaltungsertrag laut Gewinn- u. Verlustrechnung für das Jahr	400	in % der Bilanzsumme	0,4%
Verwaltungsaufwand ·/. Verwaltungsertrag	1800	Bedarfsspanne . . .	1,8%

Unkompensierte Bilanz Ende Dezember 1933 Anl. 1

Durchschnittlich erzielte Sätze %	Aktiva		Beträge abgerundet auf 100 Reichsmark
—	Reports und Lombards		—
6,96	Barschuldner*) . . . in Reichsmark		468000
6,51	in Währung		58800
	Abwicklungskredite		256700
6,83	a) (Zins-, Prov.- u. Kap.-Rückst. erforderlich)	163300	
7,—	b) (Zins- u. Prov.-Rückst. erforderlich)	35600	
—	c) (gänzlich ertraglos)	57800	
—	Sonstige zinslose Konten		4900
2,—	Akzept-Kredite		720000
4,10	Sollsalden gegen Guthaben mit gleichen Bedingungen		187300
1,82	Rembours-Kredite		484500
1,87	Aussende- und Importtrassierungs-Kredite		302600
—	Reichsmark-Rembourse		—
7,—	Sonstige Warenvorschüsse		179900
	Abb. 1		6874500
6,25	Bestand an Kundenwechseln . . . in Reichsmark		1284600
6,75	" " " in Währung		8300
2,04	Kunden-Avale	94400	
—	Einreicher-Obligo abzügl. Bestand an Kundenwechseln	1097200	
	Abb. 2	9359000	
	(Abb. 1 + Wechselbest., Avale u. Obligo)		
0,34	Nostroguthaben . . . kurz in Reichsmark		232200
—	kurz in Währung		—
2,22	lang in Reichsmark		—
—	lang in Währung		304200
—	Unverzinsliche Schatzanweisungen		—
3,88	Bank-Akzepte		60000
—	Schecks und von Banken eingegangene kurzfristige Abschnitte		103400
5,—	Eigene Wertpapiere		86300
5.—	Konsortialbeteiligungen		49500
—	Dauernde Beteiligungen bei Banken		—
5,—	Bankgebäude		350000
—	Ehemalige, zum Verkauf stehende Bankgebäude		—
—	Übriger Grundbesitz		13200
—	Kasse, Giroguthaben etc. nach Abzug von RM 100.— Lombard		210300
3,—	Zentrale: a) lfd. Rechnung . . . in Reichsmark		284000
—	" " in Währung		—
4,22	b) langes Geld . . . in Reichsmark		300000
—	" " in Währung		—
3,—	Schwester-anstalten: a) lfd. Rechnung . . . in Reichsmark		102000
—	" " in Währung		—
—	b) langes Geld . . . in Reichsmark		—
—	" " in Währung		—
—	Reichsmark-Tratten-Konten		—
—	Rembours-Konten		—
—	Posten, die der Rechnungsabgrenzung dienen		200
			10262700

*) Auf RM 55600.— erfolgt ein ungefährer Zuschlag von 2½% zu den Normal-Bedingungen w/ Überziehungsprovision.

Unkompensierte Bilanz Ende Dezember 1933

Beträge abgerundet auf 100 Reichsmark	Passiva	Durchschnittlich bezahlte Sätze %
	Gläubiger	
	Provisionsfreie kurze Gelder	
3930000	in Reichsmark . . . %	1,01
	davon Banken 138400 . . . 1,32	
	Sonstige 3791600 . . . 1,00	
8200	in Währung . . .	1,54
	Provisionspflichtige kurze Gelder	
232100	in Reichsmark . . . %	1,50
	davon Banken — . . . —	
	Sonstige 232100 . . . 1,50	
—	in Währung . . .	—
30400	Zinslose Gelder (Reichsmark u. Währung) . . .	—
4200700		
	Befristete Gelder	
3371700	in Reichsmark . . . %	3,96
	davon Banken 600100 . . . 4,57	
	Sonstige 2771600 . . . 3,83	
18800	in Währung . . .	3,52
658700	Spargelder . . .	3,53
187300	Habensalden gegen Schuldkonten mit gleichen Bedingungen . . .	4,10
8437200	**Gläubiger insgesamt**	
46800	Schecks im Umlauf . . .	—
176000	Rückstellungskonten . . .	—
	Am Anfang des Jahres vorhanden . . . 200200	
	Veränderungen . . . ./. 24200	
	Hiervon entfallen auf:	
	Nichtkompensierte Rückstellungen . . . —	
	Kompensierte " . . . a) 122400	
	" " . . . b) 10200	
	" " . . . c) 43400	
720000	Akzept-Konto . . .	—
—	Rembours-Konten im Auslande . . .	—
—	Unerhobene Dividenden . . .	—
—	Wohlfahrtsfonds . . .	—
—	Reichsmark-Tratten-Konten } Bei Zentrale bzw. übergeordneter Filiale	—
786800	Rembours-Konten } Bei Zentrale bzw. übergeordneter Filiale	—
—	Zentrale a) lfd. Rechnung . . . in Reichsmark	—
2100	Zentrale " " . . . in Währung	3,75
—	Zentrale b) langes Geld . . . in Reichsmark	—
38000	Zentrale " " . . . in Währung	4,50
—	Schwesteranstalten a) lfd. Rechnung . . . in Reichsmark	—
—	Schwesteranstalten " " . . . in Währung	—
—	Schwesteranstalten b) langes Geld . . . in Reichsmark	—
—	Schwesteranstalten " " . . . in Währung	—
8200	Posten, die der Rechnungsabgrenzung dienen . . .	—
47600	Gewinn . . .	—
10262700		

Gewinn-Übersicht und Kalkulation

Ausgaben

Anl. 5 Bl. 1

A) Kredit-Geschäft

Gehälter, feste Tantiemen und Gratifikationen	78600
AngestelltenVersicherungen . .	3100
	81700
sachliche Unkosten	11700
örtliche Steuern und Abgaben	6900
Pensionszahlungen und Wohlfahrtseinrichtungen	12300
Vergütung an Ortsausschüsse .	—
Überstundengelder	1000
Generalunkosten	11100
Überwachungskosten†) . . . . ./. d. Kopffil., + d. Unterstellen	—
*)	124700
0,14% Kosten d. befrist. Geldes	5800
0,14% Kosten d. Hilfsarbeit d. Gruppe B für A	9800
0,54% Kosten der techn. Bearbeitg. d. Diskontwechsel . .	12800
**)	153100
0,10% Generalunkosten v. d. Engagements (Unkomp. Bilanz Abb. 2)	9300
Besitzsteuern v. d. Einnahmen v. A	15400
Gesamtkosten v. A***) (Abb. 1)	177800

B) Laufende Abteilung (Zahlungsverkehr)

Gehälter, feste Tantiemen und Gratifikationen		155400
Angestelltenversicherungen . .		7600
		163000
sachliche Unkosten		23500
örtliche Steuern und Abgaben		13600
Pensionszahlungen und Wohlfahrtseinrichtungen		24500
Überstundengelder		2000
Generalunkosten		5700
		232300
Kosten der Hilfsarbeit von B für C	2900	
Kost. d. befr. Geld. .	5800	
Kost. d. Hilfsarbeit d. Gruppe B für A .	9800	
Kost. d. techn. Bearbeitg. d. Diskontw.	12800	31300
Gesamtkosten von B (Abb. 2) .		201000

*) = 1,33% } der Engagements lt. Unkomp.
**) = 1,64% } Bilanz Abb. 2
***) = 1,90% } bei nachgeordneten Stellen

†) = —% der Engagements lt. Unkomp. Bilanz Abb. 2

Gewinn-Übersicht und Kalkulation

Ausgaben

Anl. 5 Bl. 2

C) Effektengeschäft

Gehälter, feste Tantiemen und Gratifikationen	27800
Angestelltenversicherungen . .	1400
	29200
sachliche Unkosten	4200
örtliche Steuern und Abgaben	2400
Pensionszahlungen und Wohlfahrtseinrichtungen	4300
Überstundengelder	300
Generalunkosten	2000
	42400
Kosten der Hilfsarbeit von B für die Gruppe C	2900
Gesamtkosten von C (Abb. 3) .	45300

In A bis C nicht enthaltene Kosten

Gehaltseinsparungen	8800
Einsparungen von Angestelltenversicherungen	100
Kostenzuschuß für vorhandene zweite Bankgebäude	—
einmalige sachl. Unkosten**) .	13500
Steuernachzahlungen	—
Ertrag- u. Vermögensteuern .	400
Pensionszahlungen und Wohlfahrtseinrichtungen	—
Vergütung a. Ortsausschüsse .	—
Überstundengelder	—
Jubiläumsgaben	—
(Abb. 4)	22800

**) Die einmaligen sachlichen Unkosten setzen sich wie folgt zusammen:

Bauetat	7500
Umzugskosten	3900
Sonst. einmalige Grundbesitz-Verwaltungskosten	2100
	13500

Gewinn-Übersicht und Kalkulation

Einnahmen

Anl. 5 Bl. 3

A) Kredit-Geschäft

Kredit- u. Überziehungs-Prov.	94 900
Akzept-Provision	16 400
Rembours-Provision	16 700
Bürgschafts-Provision	2 700
	130 700
Zinsen	132 700
Diskont (einschl. Wechselprov.)	127 100
Dauernde Beteilig. b. Banken	—
	390 500
Zinsen auf unbenutzte zweite Bankgeb. ./. Einnahmen-Überschuß	—
	390 500
3,96% Zinsberichtigung w. Rückstellungskonten	4 700
	385 800
Zinsdiff. zw. prov.-fr. u. -pflicht. Geldern lt. Aufstellung . . .	41 100
	344 700
Verrechnungsliquidität	6300
Einnahmen von A	338 400

Die Gesamtkosten von A beanspruchen 52,54% der Einnahmen von A.

B) Laufende Abteilung

Umsatzprovision	76 600
Inkasso- u. Rückwechselprov. .	7300
Devisen- u. Sortenprovision .	4000
Sonstige Provisionen	2000
	89 900
Devisengewinn	2 800
Sortengewinn	700
	93 400
Zinsdiff. zw. prov.-fr. u. pflicht. Geldern	41 100
Einnahmen von B	134 500
Es ergibt sich mithin für B ein Verlust*) von	66 500

*) = 1,58% der gesamten kurzen Reichsmark- und Währungsgelder bzw. 19,65% der gesamten Einnahmen des Kredit geschäfts sind zur Deckung des Verlustes von B erforderlich).

Gewinn-Übersicht und Kalkulation

Einnahmen

Anl. 5 Bl. 4

C) Effektengeschäft

Provision a. An- u. Verkäufe	22800
Provision a. Ein- u. Ausliefg.	100
Bonifikationen	1800
Aufbewahrungsprovision	11200
Stahlkammermieten	1300
Umtausch- u. Abstemp.-prov.	1000
Kuponsprovision	1400
Sonstige Effektenprovisionen	500
	40100
Kuponsgewinn	200
Effektengewinn	100
Einnahmen von C	40400
Es ergibt sich mithin für C ein Verlust*) von	4900

Errechnung des Unkostenkoeffizienten

Einnahmen insgesamt lt. Gewinn- u. Verlustrechnung	518000
Zinsberichtigung wegen Rückstellungskonten	4700
	513300
Ausgaben insgesamt lt. Gewinn- u. Verlustrechnung	446900
In A—C nicht enthaltene Kosten abzüglich Ertrag- und Vermögensteuern	22400
	424500

Unkostenkoeffizient 82,70

*) = 1,45% der gesamten Einnahmen des Kreditgeschäfts sind zur Deckung des Verlustes von C erforderlich.

Gewinn-Übersicht und Kalkulation

Ausgaben laut Gewinn- und Verlust-Rechnung

Anl. 5 Bl. 5

Für das Jahr 1933		Vergleichsjahr 193..	
Gehälter, feste Tantiemen und Gratifikationen	270600	Gehälter, feste Tantiemen und Gratifikationen	
Angestelltenversicherungen . .	12200	Angestelltenversicherungen . .	
sachliche Unkosten	52900	sachliche Unkosten	
Steuern und Abgaben	23300	Steuern und Abgaben	
Pensionszahlungen und Wohlfahrtseinrichtungen	41100	Pensionszahlungen und Wohlfahrtseinrichtungen	
Vergütung a. Ortsausschüsse .	—	Vergütung a. Ortsausschüsse .	
Überstundengelder	3300	Überstundengelder	
Jubiläumsgaben	—	Jubiläumsgaben	
Generalunkosten einschl. 0,10% v. d. Engagements	28100	Generalunkosten	
Überwachungskosten	—	Überwachungskosten	
Besitzsteuern v. d. Einnahmen von A	15400	Besitzsteuern v. d. Einnahmen von A	
(Abd. 1 bis 4) insgesamt . . .	446900	(Abd. 1 bis 4) insgesamt . . .	

Gewinn-Übersicht und Kalkulation

Einnahmen laut Gewinn- und Verlust-Rechnung

Anl. 5 Bl. 6

Provisionen aus dem Kreditgeschäft	130700	Provisionen aus dem Kreditgeschäft	
Provisionen der laufenden Abteilung	89900	Provisionen der laufenden Abteilung	
Provisionen aus dem Effektengeschäft	40100	Provisionen aus dem Effektengeschäft	
Provisionen insgesamt	260700	Provisionen insgesamt	
Zinsen . . . . . . 132700 ./. Verrechnungsliquidität 6300 ./. Zinsbericht. w. Rückstellgskt. 4700 11000	121700	Zinsen . . . . ./. Verrechnugsliquidität . . ./. Zinsbericht.w. Rückstellgskt.	
Diskont (einschl. Wechselprov.)	127100	Diskont (einschl. Wechselprov.)	
Dauernde Beteilig. b. Banken	—	Dauernde Beteilig. b. Banken	
Devisengewinn	2800	Devisengewinn	
Sortengewinn	700	Sortengewinn	
Kuponsgewinn	200	Kuponsgewinn	
Effektengewinn	100	Effektengewinn	
insgesamt	513300	insgesamt	
Zinsberichtigung wegen Rückstellungskont.(z.Ausgleich) +	4700	Zinsberichtigung wegen Rückstellungskont. (z. Ausgleich) +	
	518000		
Der Gewinn aus dem regulären Geschäft beziffert sich demnach auf	71100	Der Gewinn aus dem regulären Geschäft beziffert sich demnach auf	

Anl. 6

Schematische Darstellung eines Betriebsabrechnungsbogens

Kostenstellen → Kostenarten ↓	Summe	Dreherei	Stanzerei	Presserei	usw.	Warenprüfung	Buchhaltung	Versand	usw.	
Gehälter →										
Hilfslöhne →										
soz. Aufwendungen →										
Abschreibungen →										
usw.										

Vergleich der Gesamtkosten je Kostenart

Anl. 7

Firmen	1	2	3	4···x	Durchschnitt	1	2	3	4···x	Durchschnitt
Beschäftigungsgrad	78%	84%	79%	—	80%	78%	84%	79%	—	80%
Kostenarten	**Kostenarten-Anteile in v. H. der Gesamtkosten**					**Kostenarten-Anteile in RM bezogen auf RM 1000,— Umsatz**				
1 Gehälter	5,1	4,2	6,0	—	4,7	57,10	39,90	71,50	—	45,80
2 Hilfslöhne	3,2	3,9	3,4	—	3,9	35,80	37,10	40,50	—	38,00
3 Soz. Aufwendungen	2,1	2,7	2,9	—	2,3	23,00	25,70	34,50	—	22,40
4 Personalnebenkosten	1,0	1,5	1,2	—	1,0	11,20	14,30	14,30	—	9,70
5 Hilfsmaterial	1,9	1,5	0,6	—	0,9	21,20	14,30	7,10	—	8,80
6 Büromaterial	0,4	0,2	0,3	—	0,4	4,40	1,90	3,60	—	3,90
7 Reparaturen	2,1	1,7	2,5	—	2,0	23,50	16,20	29,80	—	19,50
8 Werkzeuge	1,1	0,8	1,3	—	1,1	12,30	7,60	15,50	—	10,70
9 Fremdstrom	—	—	—	—	—	—	—	—	—	—
10 Gas	—	0,3	0,1	—	0,1	—	2,90	1,20	—	1,00
11 Wasser	—	—	—	—	—	—	—	—	—	—
12 Brennstoffe	0,2	0,5	0,3	—	0,2	2,20	4,80	3,60	—	2,00
13 Abschreibungen	3,3	1,7	1,6	—	1,9	36,90	16,20	19,10	—	18,50
14 Verzinsung	0,3	0,6	0,1	—	0,6	3,40	5,70	1,20	—	5,80
15 Steuern	0,7	0,3	0,5	—	0,5	7,80	2,80	5,90	—	4,90
16 Bes. Abgaben	0,1	0,1	—	—	0,1	1,10	0,90	—	—	1,00
17 Versicherung	0,3	0,1	0,3	—	0,2	3,40	0,90	3,60	—	2,00
18 Postkosten	0,6	0,8	0,5	—	0,6	6,70	7,60	5,90	—	5.80
19 Reisekosten	0,5	0,1	1,9	—	0,6	5,60	0,90	22,60	—	5,80
20 Vertreterkosten	0,3	0,5	—	—	0,4	3,30	4,70	—	—	3,90
21 Werbekosten	0,6	0,1	0,1	—	0,3	6,70	0,90	1,20	—	2,90
22 Rechtskosten	0,2	—	0,1	—	0,2	2,20	—	1,20	—	2,00
23 Lizenzen	0,1	—	0,1	—	0,1	1,10	—	1,20	—	1,00
24 Gewinnschmälerung	1,5	2,1	2,6	—	2,1	16,70	19,90	31,00	—	25,20
25 Sonstige Kosten	0,1	0,1	0,3	—	0,2	1,10	0,90	3,60	—	2,00
Umlage der Allgemeinen Kostenstellen: Raum	2,9	1,4	1,2	—	1,2	32,40	13,30	14,30	—	11,70
Wasser	0,1	0,1	0,1	—	0,1	1,10	0,90	1,20	—	1,00
Dampf	1,6	1,2	1,9	—	1,8	17,90	11,40	22,60	—	17,50
Strom	3,8	2,3	3,0	—	3,2	42,50	21,90	35,60	—	31,20
Wohlfahrt	0,3	0,2	0,4	—	0,2	3,40	1,90	4,80	—	2,00
Summe Gemeinkosten	34,4	29,0	33,3	—	30,9	384,00	275,50	396,60	—	301,00
Fertigungs-Material	44,7	42,1	34,0	—	42,9	500,00	399,90	404,90	—	418,00
Fertigungs-Löhne	14,9	22,6	24,5	—	17,9	167,00	214,70	291,80	—	175,00
Sonderkosten	6,0	6,3	8,2	—	8,3	67,00	59,90	97,70	—	81,00
Summe	100	100	100	—	100	1118,00	950,00	1191,00	—	975,00
Gewinn bzw. Verlust	—	—	—	—	—	—118	+ 50	—191	—	+ 25
Umsatz in RM je Kopf der Belegschaft						6750,00	4400,00	3590,00		4200,00

FSC
www.fsc.org
MIX
Papier | Fördert
gute Waldnutzung
FSC® C083411

Kolibri 360 GmbH
Ferdinand-Jühlke-Straße 7
99095 Erfurt, Deutschland
produktsicherheit@kolibri360.de